Bonheur

Du même auteur

Dieu et Marianne : philosophie de la laïcité, Paris 1999, Presses Universitaires de France, coll. « Fondements de la politique » (couronné par le *Prix de l'instruction publique* en 2000). Édition revue et augmentée, PUF, Coll. « Quadrige », Paris, 2012.

La laïcité pour l'égalité, coll. « Mille et une nuits », Éditions Fayard, Paris, 2001.

Le Roman du Monde : Légendes philosophiques, coll. « Champs », Éditions Flammarion, Paris, 2001.

La laïcité (anthologie de textes commentés), coll. « Corpus », Éditions Garnier Flammarion, Paris, 2003.

Qu'est-ce que la laïcité ? coll. « Folio Actuel », Paris, 2003, Éditions Gallimard. Traductions en italien, en arabe, en turc.

Histoire de la laïcité. Genèse d'un idéal, coll. « Découvertes », Éditions Gallimard, Paris, 2005.

Grandes légendes de la pensée, Éditions Flammarion-France Culture, Paris, 2006.

Qu'est-ce que l'école ? coll. « Folio Actuel », Éditions Gallimard, Paris, 2005.

Histoires de toujours. Dix récits philosophiques, Éditions Flammarion-France Culture, Paris, 2008.

Qu'est-ce que la solidarité ? Le cœur qui pense, Éditions Abeille et Castor, Angoulême, 2011.

Entretien avec Karl Marx, Éditions Plon, Paris, 2012.

Marx quand même, Éditions Plon, Paris, 2012.

Un poète en politique : les combats de Victor Hugo, Éditions Flammarion, Paris, 2002.

Mémento républicain, (participation), coll. « Mille et une nuits », Fayard, Paris, 2006.

En collaboration avec Jean Paul Scot : Éditions Flammarion, Paris, 2002.

La politica en Victor Hugo : cartas a Espana, Cuba, y Mexico, Ediciones Laberinto, Madrid, 2005.

En collaboration avec Cesar Tejedor de la Iglesia :

Antologia laica : 66 textos para comprender la laicidad, Éditions de l'Université de Salamanque, Salamanque, 2009.

HENRI
PENA-RUIZ

Bonheur

Le chemin d'une vie sereine

ESSAI

J'AI LU

À mes amis

Pierre Guénancia
René Plaut
Jean-Paul Scot
Bruno Streiff

« Nous sommes heureux et nos discours sont tels qu'il semble que nous ne le soupçonnions pas… Il faudrait convaincre les hommes du bonheur qu'ils ignorent, lors même qu'ils en jouissent. »

Montesquieu, *Mes pensées*.

« Quoi qu'en dise une théologie chagrine ou une philosophie atrabilaire, tout homme qui sait jouir, s'il ne trouve pas une félicité complète en ce monde, peut au moins y rencontrer une foule de plaisirs de détail faits pour rendre une existence heureuse ou pour faire à tout moment une diversion puissante à ses peines. »

Holbach, *Système social*.

« Qu'il ne faut juger de notre bonheur qu'après notre mort. »

Montaigne, *Essais*.

« Il n'y a pas d'amour de vivre sans désespoir de vivre. »

Camus, *Noces*.

Prologue

Un gai savoir

« Vivez, si m'en croyez, n'attendez à demain… » La recommandation de Ronsard est une invitation au bonheur. Le poète en dit l'urgence pour un être destiné à mourir. Le temps passe, et on ne peut différer la *bonne heure*, celle qui révélera la vie comme on fait d'une offrande. Alors le fait d'exister aura un goût, un peu mystérieux, et le temps se remplira. Le goût du bonheur… Il faut bien aller à sa rencontre, et mettre les mots épars au service des hommes affairés, oublieux trop souvent de ce qui peut les combler. La philosophie du bonheur est alors simple rappel des façons d'être heureux, et c'est déjà beaucoup.

De l'existence offerte, vécue d'abord dans le tâtonnement des découvertes, des premiers plaisirs et des premières douleurs, il s'agit de faire un accomplissement. L'expérience du premier plaisir oriente la recherche. Repère intérieur, souvenir mal défini mais doux et indélébile, elle tend l'être vers sa plénitude. Vient aussi l'expérience de la première souffrance. Traumatisme originaire, qui brouille les choses et la présence au monde. Les perspectives se compliquent.

Incertitude. La présence au monde est désormais ambiguë : sommes-nous là pour souffrir, ou pour jouir ? La question semble naïve, et elle ne se formule pas consciemment. Mais elle grandit à mesure, pour habiter la conscience inquiète. Inquiétude de la vie, à laquelle il faut bien répondre. Alors peut-être un chemin pourra s'esquisser. À condition de surmonter les hantises, d'intégrer le risque de la liberté. Mais ces hantises insistent et taraudent. La crainte de souffrir aura-t-elle le dessus, jusqu'à voiler le message des joies premières ? Les moments d'errance, voire de malheur, font parfois désespérer, voire enferment la conscience dans leurs limites. C'est un tel enfermement qu'il faut d'abord éviter. Il se trouve que l'homme dispose pour cela d'une ressource admirable : la pensée, qui n'est rien d'autre que la vie de la conscience. Une vie trop souvent inaperçue, méconnue et négligée : le quotidien capte et captive, pour le meilleur et pour le pire. Mais la pensée, elle, pourvu qu'on s'avise de son pouvoir, et qu'on en joue, est délivrance. Tel est le *gai savoir* de ce livre, dont il faudra montrer toutes les ressources. Arrêtons-nous un moment, pour congédier la pression vive des données immédiates. Et voyageons. L'imagination nous émancipe, l'espoir intérieur nous affranchit. Et la mémoire cultivée nous rappelle que le présent n'est pas prison. Ainsi s'éprouve le pouvoir de distance. Gai savoir.

Les promenades intérieures

La pensée, c'est tout à la fois le sentiment et le rêve, la promenade intérieure et la réflexion déliée. Un *dialogue intérieur de l'âme avec elle-même*, disait Platon. Une étonnante et précieuse capacité de se dédoubler, de se mettre à distance de soi, pour découvrir qu'on ne se réduit pas à ce qu'on croit être dans l'immédiat. La vie intérieure, celle qui dépend directement de nous, même si nous avons tendance à l'oublier, se manifeste ici. Et elle libère. Nous voilà plus fort que toute souffrance subie, que tout nuage venu brouiller la lumière matinale. Le soleil reviendra. La pensée énonce tranquillement un simple rappel, et le paysage intérieur dément le monde immédiat, pour restituer l'avenir, ou tout simplement la promesse du temps. La pensée est voyage, sans contrainte d'heure et de lieu. Il faut pour cela prêter attention à ses possibilités et décider d'en user. La conscience se découvre alors plus riche que ce qui l'obsède ici et maintenant.

Liberté intérieure. Trouver le moyen de s'affranchir des limites du lieu et du moment, d'en faire appel. « Pense à autre chose », dit l'ami qui cherche à soulager. Et il ne croit pas si bien dire. De la pensée qui délivre naîtra bientôt une autre vie, un autre temps. Ce sera la bonne heure, celle qu'on découvre et qu'on aime. Celle qui donne son nom au rêve de chacun, quand il projette sur le monde une lumière d'attente et d'espoir : *bonheur*.

Il peut paraître difficile de s'abstraire du souci qui obsède ; mais cela est possible. Et le seul fait de le savoir délivre de la pression du moment. Il s'agit alors de s'engager dans une promenade subjective, pour goûter le soulagement de la distance, et cesser de se laisser absorber. Cette méditation amorcée est un rappel à soi-même, une libération, en somme. La vie est liberté. Une telle mise à distance le prouve.

Jouons de la mémoire, pour nous représenter d'autres moments de la vie, et savoir que la détresse présente n'est pas le dernier mot. Jouons de l'imagination, pour goûter notre pouvoir de recomposer le monde et un jour peut-être d'agir sur lui pour qu'il se fasse plus proche. Jouons de la réflexion, qui dessaisit les choses accablantes de leur mystère, et rapporte ce qui advient à sa cause. Combinons mémoire et imagination, réflexion et sensibilité. Jouons de l'attention à la fleur fragile, à la courbe d'oiseau qui promène le regard dans le ciel, aux ombres qui redessinent les façades. Bref, au lieu de nous embourber dans l'obsession qui nous taraude, sachons nous souvenir de la présence au monde, mais aussi de l'étonnante faculté de s'en absenter.

Si malheureux que nous nous croyions, nous faisons alors une expérience décisive. Notre tristesse même, notre mélancolie, devient comme un regard sur les choses, détaché d'elles, délivré d'elles. Nos sentiments sont nôtres, mais nous ne sommes pas tout entiers à eux. Ainsi d'un souvenir heureux qui se place en contraste avec le désespoir du présent, et rappelle que nul moment ne résume à lui seul la vie. Ainsi du sourire d'une personne croisée dans la rue, qui esquisse la promesse de nouvelles rencontres. Savoir se délier, pour s'ouvrir à ce qui peut advenir de neuf. Vivre devient – ou redevient – une promesse, et il faut un nouveau regard d'enfant pour en profiter.

Sans libérer l'existence de ses mutilations provisoires, la vie de la conscience en déborde sans cesse les limites. Elle prépare ainsi la force de rebondir. L'imagination, la mémoire, la réflexion vagabonde font que chacun peut s'affranchir de l'obsession subie sous la pression du moment. Encore faut-il ne pas oublier qu'un tel pouvoir existe, et qu'à défaut de rouvrir à lui seul le chemin du bonheur il rappelle son existence. Encore faut-il apprendre à en jouir, en le cultivant. Il devient alors disponible, y compris lorsque l'existence immédiate semble tout submerger.

Temps de joie, temps de douleur : la succession elle-même doit être utilisée au mieux. Ainsi Socrate libéré des chaînes qui le blessaient mesure-t-il le plaisir du soulagement, et le caractère tout relatif de la douleur qui l'accablait. Savoir précieux pour les prochaines souffrances, que l'on pourra vivre sans être submergées par elles. C'est au meilleur de lui-même que l'homme prépare la patience de vivre, et la force de surmonter. Pendant les jours heureux, il y a beaucoup à faire pour cela. Cultiver la mémoire qui les retient, l'imagination qui s'enrichit de leur témoignage. Construire ainsi la confiance intérieure qui se conforte des conquêtes de la vie. Quand viendra la souffrance, si elle vient, on pourra disposer alors d'un monde intérieur qui permet de ne pas sombrer.

Contre l'ennui, contre la faiblesse, contre l'enlisement dans le tourbillon des émotions, le recul de la conscience est un point d'ancrage. Marc Aurèle et les Stoïciens parlaient à ce propos de *citadelle intérieure*. Quelque chose d'imprenable doit se façonner, qui permettra de faire face et de redonner sa chance à l'urgence du bonheur. Le goût de la liberté s'affirme de cette façon, et il annonce ses joies.

Si la philosophie a quelque valeur, c'est bien d'abord de contribuer à fortifier ainsi la conscience. La pensée s'y affirme comme un art de vivre, un exercice de liberté, une pratique joyeuse des ressources humaines. À l'imagination, à la mémoire, à la magie de la perception poétique, aux promenades réitérées de la réflexion elle donne toute leur puissance propre. Joie multiforme des balades intérieures, accessible à tous. Oui. Rappelons le livre des promenades intérieures, nourries du meilleur de la vie.

Une méditation de la vie

La philosophie mériterait-elle une seule heure de peine si elle ne nous aidait pas à être heureux ? Une méprise devenue trop courante nous la fait imaginer comme pure théorie, abstraite et ardue, sans incidence sur la vie pratique. Or la plupart des philosophes, sinon tous, l'ont comprise et pensée comme un art de vivre, une sagesse en acte, qui ne se contente pas de cultiver la lucidité sur le monde et l'action, mais doit la traduire concrètement, par une certaine façon de se conduire.

Se conduire, et non pas être conduit. Il s'agit bien de liberté. Un être libre maîtrise ses pensées mais aussi, dans la mesure du possible, ses sentiments, du plus doux au plus violent. Une telle maîtrise en rend possible une autre, celle des actions, qu'il s'agit d'éclairer. Lucidité agissante. Elle ne supprime pas comme par magie les tourments et les doutes, les incertitudes et les angoisses. Mais elle rend manifeste le pouvoir presque infini de la conscience quand elle décide de s'affirmer. Il s'agit alors de vivre la pensée non comme refuge, mais comme libération. Le poids du réel ne saurait avoir raison d'elle, sauf à détruire l'humanité de l'homme. Les tentatives d'oppression s'y sont essayées. La politique du bonheur n'est pas la contrainte imposée d'un modèle uniforme d'accomplissement, mais tout au contraire le pari de la liberté qui décide de faire vivre la richesse des possibles.

La pensée elle-même pourrait bien être une certaine manière de pratiquer la mise à distance des choses de la vie, ne serait-ce que pour mettre en relief celles qui témoignent pour le bonheur – esquisse ou promesse. Joyeuse, elle l'est de ses ressources propres, que nul ne peut lui ravir. Réfléchir, revenir sur ses émotions et ses images intérieures pour en prendre une vue apaisée, tenter de se réapproprier un certain vécu pour en comprendre les ressorts et le sens, hésiter sur une conduite à tenir et prendre la mesure d'une alternative sont autant d'actes de la pensée. Et l'on conçoit mal une vie d'homme sans ce travail intérieur qui recouvre déjà une façon d'être tout en réglant la part la plus visible de l'action. Bonheur de penser, bonheur de faire en soi la paix intérieure qui ne supprime pas les sentiments forts, mais en cultive la maîtrise. C'est que la faculté de penser sait se donner à elle-même ses propres joies, ses « émotions intérieures ». Descartes appelait « âme » ce qui permet de penser à distance des impressions et des passions que provoque le choc des choses extérieures, et il soulignait cette faculté qu'a l'âme de susciter ses joies propres, en usant d'un pouvoir qui ne dépend que d'elle seule.

Dans un monde déchiré, où l'espérance de bonheur semble se heurter sans cesse aux nouvelles formes de souffrance et de mal-être, où la richesse matérielle, mal répartie certes, ne remplit visiblement aucune des promesses qui lui étaient associées, il est temps de ressourcer l'aspiration au bonheur. La pensée va s'accomplir comme méditation de la vie. C'est le sage Spinoza qui assumait, dans son austère solitude, le courage ordinaire de ce projet. Une méditation de la vie, non de la mort et des abstinences qui en développent la vision superstitieuse. Prenons au mot l'invitation, et méditons la vie comme puissance multiforme de bonheur.

L'invention des sagesses

Il n'y a pas vraiment de recettes du bonheur. Tout au plus des conseils, des rappels de ce que chacun peut faire pour s'accomplir. Tant de choses, de prime abord, ne dépendent pas de nous que le désir de vivre peut s'en trouver découragé. La première enfance découvre ainsi un univers qui n'est pas à sa mesure, et tente de l'habiter par la magie de son regard. Mais le cours des événements va son train, et il résiste au désir. Il faut apprendre à vivre, en quelque sorte, sans oublier les joies natives de la simple présence au monde.

Les conseils des sages, érigés en règles d'action, ne peuvent rien sans la volonté libre. Nul ne peut penser à ma place, ni vivre pour moi. Cette existence offerte est la mienne, et non celle d'un autre. Expérience unique, inventée à mesure que le temps passe et que les jours se répondent les uns aux autres. Le langage muet des émotions vives tisse un monde, et des millions de mondes coexistent dans l'infini des rencontres.

Peut-on imaginer un art de vivre comparable au savoir-faire technique ? L'illusion est tentante, car elle permet d'échapper à l'incertitude et à l'angoisse qui se tient au seuil de l'action quand l'espoir et la crainte se disputent la conscience. Mais il faut s'en garder. L'art de vivre n'a pas à produire une œuvre extérieure, comme fait l'artisan qui façonne son œuvre. Agir, c'est être, et être d'une certaine façon. Le style est ici la personne humaine, et Sartre rappelait que l'on se fait en faisant. Avec l'angoisse qui tient à cette gravité de l'action, qui témoigne de ce que l'on est. Vertige. Jusqu'au dernier souffle, je suis libre de me redéfinir, de me faire et de me refaire, si du moins la vie se comprend comme tendue toujours vers des possibles qu'elle n'épuise à aucun moment. L'art de vivre ne se règle sur aucun modèle à imiter servilement, même si des exemples de vie valent repères sur le chemin et cristallisent les aspirations. L'art de la vie est de savoir s'orienter et de se viser soi-même comme être autonome, ne dépendant de personne. Art de liberté, il suffit, à son niveau, comme l'ont vu les stoïciens. Non qu'il exclue la relation à autrui et les plaisirs d'amour ou d'amitié. Il les porte au contraire au meilleur en les affranchissant de toute approche utilitaire et intéressée.

L'art de la vie est construction de soi et accomplissement libre. Mais il ne s'assortit d'aucune assurance concernant les choses qui ne dépendent pas de l'initiative humaine. La roue de la fortune tourne sans égard pour nos attentes. Elle les comble ou les déçoit. Et sans doute faut-il accepter cela. Vivre est un risque et la sagesse est d'abord d'assumer. Nous ne pourrons jamais savoir si l'initiative, même longuement réfléchie, atteindra son but sans coup férir. L'art de vivre enveloppe la conscience de l'échec possible, et l'apprivoise même pour prévenir toute détresse. L'artisan, lui, n'est tel que parce qu'il assure son geste, et produit un effet conforme en tout point à ce qu'il voulait. Pour raboter une planche, il manie le rabot toujours dans le sens du fil du bois ; la belle surface obtenue alors met en jeu une technique bien maîtrisée, un « tour de main » acquis à la longue, par l'habitude. Mais la vie est rugueuse, et rien ne peut la lisser. Nul geste ne permet de la soumettre et de la façonner à mesure, comme l'artisan fait du bois. L'art de vivre n'est pas une technique, et l'on ne fabrique pas son bonheur comme on construit un meuble ou une maison.

Les marchands de bonheur sont des charlatans : ils prétendent dispenser ceux qui les enrichissent, par faiblesse ou par ignorance, de l'effort de penser. Ils disqualifient cet effort au nom de la vie pratique et concrète. Refus obscurantiste, qui détourne le témoignage spontané de la chair et des émotions en prétendant qu'il suffit, et que l'homme serait mal avisé de réfléchir. « *Cela est vrai en théorie, mais non en pra-*

tique. » Aveuglement ouvertement valorisé et préconisé. Vous avez des yeux, mais surtout ne vous en servez pas. Œdipe nous rappelle que les yeux de la conscience rationnelle ne peuvent pourtant se fier aux yeux de chair. Tout ce qu'il fait pour échapper à son destin contribue à le réaliser à son insu. L'apparence est dévastatrice, de même que l'impulsion des désirs bruts. La tragédie est là, qui le conduit à l'horreur : il se fera crever les yeux. Descartes : ce serait vivre en aveugle, délibérément, que de refuser de philosopher. Celui qui fait de l'expérience intime de la pensée la preuve même de l'existence – penser, c'est nécessairement être – n'a en vue que la sagesse, celle qui comble l'esprit et réalise l'humanité. Il ne considère pas que philosopher consiste à se perdre dans des spéculations. Il s'agit d'user de sa raison pour se conduire, et le faire aussi bien que possible. L'amour de la sagesse, à l'œuvre dans la vie quotidienne, donne à la philosophie son sens et sa raison d'être. Il a tracé dans le marbre des cultures les paroles vives dont il convient de se nourrir. Sagesses inventées, pour donner ses chances au bonheur.

PREMIÈRE PARTIE

LA PATIENCE DE VIVRE

Récit

L'enfant et les augures

L'enfant attend les oiseaux. Un grand ciel partagé accueille son regard. À gauche du peuplier, l'espoir a dessiné son décor. C'est là qu'ils devront surgir. Et déjà s'imagine un battement d'ailes, frisson rythmé qui émeut tout le ciel. L'enfant parie. Une sorte de jeu avec soi-même, comme lorsqu'on se raconte un rêve de vie, avec toutes sortes de vœux exaucés. C'est ainsi qu'on tente sa chance, qu'on lance un défi à l'avenir. À gauche de l'arbre qui est comme un gros trait noir sur la page du ciel, le paysage de l'espoir se précise. Les oiseaux surgiront de l'horizon, le ciel s'animera, la campagne sera belle de toutes ses vies naissantes. À droite, il n'y a que vent et désert. Pourtant, n'est-ce pas simple hasard que la place des choses et des êtres ? Le désir humain a défini son partage, et il attend un monde à sa mesure. Bonheur indéfini, sans forme nette. Une présence pure, qui s'éprouve et se goûte. Bonheur imaginé, sans repères ni passages obligés, mais aussi vrai que le jeu dont l'enfant invente les règles. Un monde humain est là, qui cherche à naître, et va répondre au désir. Attendre… la tension de l'espoir va découvrir une réalité qui résiste, qui n'est pas ordonnée d'emblée à la soif de vivre. L'enfance est là, qui se projette sur le premier paysage : la magie d'un monde enchanté par une sorte de rêve éveillé va subir sa première épreuve.

Espoir. Le signe viendra. Un simple battement d'ailes, un tremblement de l'air pour faire écho à la rumeur de l'arbre noir. L'attente est devenue frisson de plaisir anticipé. Oui, les oiseaux apparaîtront bien de ce côté-là. L'enfance de toujours ne doute pas. Là est le secret de la confiance native. La mémoire commence une vie intérieure, toute frémissante du spectacle des choses, toute prête aussi à l'accueil de ce qui viendra. Et le sourire s'esquisse sur des lèvres prêtes à libérer le cri de joie au signal attendu. Qui dira la magie d'un regard étonné, où la lumière a installé sa source vive ? C'est bien comme un jeu de l'enfant avec lui-même que cette attente un peu truquée. Le vol des oiseaux, bien sûr, ne dépend pas du regard qui scrute le ciel. Et pourtant, sans ce pari intérieur, à peine formulé, la présence au monde aurait-elle un sens pour l'homme ?

Si les oiseaux viennent de cette partie du ciel, bonheur gagné ! L'attente est attention, les contours des choses deviennent familiers : un monde émerge. Et le ciel partagé, désormais orienté, devra bien répondre à la question qui le scrute, silencieuse et tenace. L'inertie des choses est interpellée. C'est qu'un regard d'homme s'y profile.

Ici-bas les herbes se réveillent. Et l'eau qui glisse au fond des feuilles condense le soleil. Mille souffles de vie se mêlent étrangement. La rosée uniforme et sa brume rendent indécis le paysage. Entre ciel et terre, l'attente prend la mesure de son domaine. Les trèfles à quatre feuilles jouent à cache-cache.

Enfance ? Un certain regard, qui met à nu le hasard – ou la chance. C'est qu'en face du désir brut, spontané, l'ordre de la nature se révèle. À force de vénérer le signe attendu, on donne sens au spectacle des choses. Les vols d'oiseaux sortent de l'ordinaire. La vie s'affranchit de sa répétition. L'attention sera-t-elle une première forme de sagesse, en s'imprégnant d'un espoir serein ? Mais il ne faut pas se tromper. L'homme ainsi projeté dans les scénarios du paysage ne peut oublier que son désir est devenu conscience, et qu'il s'invente un monde. Simplement, le désir a défini la règle du jeu, et mesure ainsi la force d'une sorte de liberté, typiquement humaine. Il s'agit certes de comprendre ce qui est, mais d'y dessiner le possible, ce possible qui répond à la soif de vivre. À la conscience, le jeu du désir procure un premier repère. L'horizon est prêt.

Ils ont surgi du bon côté. C'était la bonne heure. Chance ? Un étrange accord du temps et du lieu a donné raison au désir. L'enfant découvre les oiseaux de bon augure. La vie s'annonce. Elle est joie, joie du jeu et de son pari secret. Joie de gagner ; risque de perdre. Il faut bien accepter l'un avec l'autre. L'enfant exulte. Un bonheur qui tient tout entier dans l'instant fait rire l'univers entier, devenu complice. Et pourtant ce n'était bien qu'un jeu. Un jeu de la conscience avec elle-même.

Les oiseaux de bon augure sont accueillis comme le bonheur authentique. Sans doute parce qu'ils renvoient au secret de l'espoir qui affranchit et découvre. L'humanité libre s'éveille alors à elle-même. Elle y prend la mesure de son domaine propre, et il est immense. Le présage vaut promesse et invitation à l'effort : il dessine un accomplissement. C'est qu'il suggère une chance qui ne dépendra que de soi si on décide de faire ce que l'on peut, si le vouloir s'assume sans faiblesse.

Première leçon

Le jeu du rêve et du hasard

L'enfance du regard

L'enfance est un certain regard. Elle ne peut ni ne doit quitter les hommes, mais les épreuves traversées semblent parfois l'ensevelir. Il faut donc la dire, et la redire, pour qu'au moins les mots lui redonnent vie, et régénèrent la conscience meurtrie.

Dans l'enfance rêveuse, le pouvoir de dépasser les limites du moment présent, voire la détresse immédiate, se révèle sans ombre. Rêver les yeux ouverts, s'étonner de ce que les choses soient comme elles sont, c'est se préparer à accueillir le meilleur de la vie. Rester curieux. La capacité de bonheur s'enracine dans cette curiosité, dont Aristote disait qu'elle est la disposition philosophique par excellence. Il suffit de voir un enfant découvrir la corolle d'une fleur, la prendre entre ses doigts, se faire presque pensif devant elle, pour se souvenir que toute chose peut être offrande, donner du plaisir, susciter un intérêt. Le bonheur prendra source dans cette disposition à saisir la richesse du réel, qui congédie l'ennui, même dans la solitude subie. Une sorte de patience de vivre se forme dans la patience devant les choses, devant les êtres, que l'on remarque alors comme si leur réalité était unique. La lenteur du regard qui s'imprègne de l'objet en redessine sans cesse les contours. Et de proche en proche, c'est le monde entier qui est ainsi découvert, redécouvert, à la façon d'un spectacle. L'enfant joue. Et le jeu n'enrôle pas : il laisse toute chose à elle-même. Il la touche, non pour la prendre, mais pour se rendre familier son mystère.

Savoir jouer, au-delà de l'âge de l'enfance, c'est se rappeler la qualité d'un certain rapport au monde. Le désir lui-même, dans le jeu, ne peut chercher à s'emparer des choses. Il en jouit, sans en user. Il se survit ainsi à lui-même, indéfiniment, dans une retenue qui est aussi adhésion spontanée. Plaisir sans mélange. Posséder ou consommer n'est que la forme inférieure de la vie humaine. Dans la contemplation d'un tableau, dans l'extase muette devant un paysage, c'est une certaine expérience de la jouissance libre qui s'accomplit. N'est-ce pas s'asservir que de faire dépendre son contentement de la possession des choses extérieures ? Il faut dès lors apprendre à regarder les choses par ce qui en elles se prête le mieux à nos attentes, et les considérer comme des présents inespérés. Avec la vigilance qui déjoue l'illusion : ces choses ne nous sont pas destinées, elles ne nous servent pas, mais s'offrent simplement à nous par la netteté de leurs formes, l'harmonie de leurs couleurs et de leurs contours, l'évidence de leur présence sensible. Savoir les contempler, sans plus, c'est se rendre libre et cultiver sa liberté. C'est aussi prendre à témoin la beauté du monde, afin de résister plus tard à tout ce qui voudra la détruire. Beaucoup de résistants à la barbarie avaient en eux quelque chose du poète. À hauteur d'homme, l'enfance du regard prépare les combats de justice.

Rêver le monde

Rêver le monde, ce n'est donc pas lui substituer un monde totalement imaginaire, mais l'habiter en homme, faire droit à une sensibilité première et pure, celle qui explore le monde avant d'être hantée, et en un sens faussée par ses malheurs et leurs retentissements dans la conscience. Selon Épicure, la sensation ne ment jamais. Il importe seulement de ne pas se tromper soi-même sur son témoignage, en y mêlant une passion forcément intéressée. On l'appréciera alors dans sa nudité ; on saura éviter ce qui cause le désagrément, et rechercher ce qui est source de plaisir. Sagesse sensuelle, précieuse pour s'installer dans le paysage. L'eau fraîche désaltère, et la lumière liquide qui coule dans le creux de la paume est déjà cette fraîcheur goûtée. Le soleil matinal fait naître une sensation de chaleur douce sur la chair offerte, et ce n'est pas si banal. La douceur de l'automne incite à la quiétude mélancolique, et la façon dont elle permet à la conscience de se recueillir a quelque chose de rare, malgré les images convenues.

Mais la vie n'attend pas. Forme libre du désir et du plaisir, le jeu ne suffit pas. Il définit une des premières ressources du bonheur, retrouvée en amont de toutes les aventures sociales. Vient vite le temps de découvrir une réalité qui résiste, ne serait-ce qu'en obligeant à différer la satisfaction des impulsions spontanées. Freud a souligné le rôle d'une sorte de situation originaire qui peut prendre deux tournures opposées : la satisfaction du désir, et le plaisir qui l'accompagne, ou la frustration, et la souffrance qui va avec elle. Des repères uniques, singuliers, jalonnent bientôt l'histoire intérieure de chacun. Et le rapport au monde se tend comme une attente.

Ce qui dépend de nous

Que le monde satisfasse ou non mon désir, j'en découvre la réalité indépendante, dotée de ses propres lois, étrangère en ce sens. Une autre patience doit alors répondre à une telle découverte. Certaines choses dépendent de nous, d'autres non. Il nous faut apprendre et respecter ce partage, sans renoncer à redéfinir sa portée concrète quand cela est possible. Telle douleur, hier inévitable, est aujourd'hui soulagée par la médecine : le domaine des choses qui dépendent de nous peut s'étendre, et la netteté nécessaire de la distinction en chaque circonstance n'empêche nullement de faire appel des limites définies. Acceptation sereine n'est donc pas résignation passive, ni fatalisme découragé. Cette discipline exigeante fait toute la grandeur stoïcienne. Elle procure la joie indépassable des victoires sur soi, ou plutôt sur ce qui livre assaut à la force du soi, principe de liberté. Régler ses aspirations, discipliner ses désirs, ce n'est pas les disqualifier, ni préparer leur rejet, mais au contraire se mettre en mesure de les assouvir dans leur plénitude. Celui qui se concentre sur ce qui est aujourd'hui en son pouvoir évite l'épuisement inutile et le découragement qui fait douter de toute initiative. Il s'octroie d'un même mouvement deux allégresses : celle de la victoire intérieure sur une impulsion aveugle, et celle de l'action efficace qui viendra le moment venu. Nul fatalisme, nul attentisme non plus, dans cette façon de scruter le champ du possible. Le tout est de ne pas se méprendre sur son étendue. La pensée, le jugement politique, la conception éthique, entre autres, sont en notre pouvoir. Qui d'autre en effet que l'humanité elle-même pense, organise la cité, définit les règles de vie ? « Fais ce que dois, advienne que pourra »... L'exhortation célèbre n'implique aucune insouciance à l'égard des conséquences. Elle ne fait que réaffirmer le partage entre ce qui dépend de soi et ce qui relève d'une nécessité plus ample, faite de séries causales dont la maîtrise est hors de portée.

Attendre que la roue tourne

Pour les choses qui aujourd'hui ne dépendent pas de nous, attendre que la roue tourne. Telle est également la patience de vivre. Patience de la pensée qui sait prendre ses distances ; patience du courage qui supporte. Dans les deux cas, il s'agit de rester libre face aux circonstances. Si les sentiments nous enchaînent souvent au vécu, la pensée doit s'en affranchir autant que possible, et voir au loin. Il s'agit de préserver l'espoir, et pour cela de ne pas se laisser submerger. La mémoire vive des accomplissements et des plaisirs, préparée dans les meilleurs moments de la vie, est un encouragement pour cette patience qui libère autant qu'elle endure. Elle puise dans le dynamisme propre de la vie, dans son impatience même. Vivre, dit Nietzsche, c'est faire être quelque chose qui veut mourir. La force du sage, ici, n'a rien du déguisement du lâche, ou de la résignation qui de faiblesse fait vertu. D'une certaine façon, une telle liberté est gage de bonheur ; elle consiste à se soustraire aux verdicts provisoires du temps, en jouant sur la diversité des moments. « Un jour viendra. » La durée intérieure de la conscience poursuit ainsi son affranchissement. Celui qui connaît le vrai se réjouit, rappelle Spinoza, et cette joie laisse une trace durable, qui contraste avec les instants éphémères de la vie subie. L'expérience donnera raison aux vertus de la patience. Elle y décèlera la sagesse qui s'y prépare. Il suffit d'apprendre à retenir le meilleur de la vie, pour être plus joyeux. Ainsi se fortifie la part positive de la conscience comme de l'être. La mémoire se nourrit des joies que fixe une attention vive. À ne pas oublier.

Le spectacle du monde

Jadis, les Romains consultaient le ciel avant toute décision grave. Leurs augures pointaient vers lui une baguette et dessinaient les limites d'un rectangle : côté gauche et côté droit, avant et arrière. On s'inventait ainsi une sorte de temple céleste, enceinte sacrée tracée par le regard humain. Semblable au « templum » terrestre, cette scène aérienne était prête pour accueillir le mouvement des oiseaux sauvages, désormais lourd de sens. Il ne s'agissait pas tant de prévoir l'avenir que de mesurer l'accord des dieux avec l'action projetée par les hommes. Ainsi, c'est tout l'ordre du réel qui était sollicité. Était-il compatible avec l'initiative de l'heure ? L'interrogation exprimait la limite du savoir présent des hommes, confiné aux causes proches, incertain de ce qui peut bien résulter de la nature totale, et des multiples séries de phénomènes qui s'y entrecroisent. On s'attachait donc à scruter le spectacle du monde, à y découvrir des signes qui pourraient valoir indications, fournir des repères dans l'inconnue du temps et des choses. Les oiseaux étaient dits de bon augure ou de mauvais augure, selon le chemin que dessinait leur vol.

Le regard des hommes hébergeait une même attente. Une bataille à livrer, incertaine, une décision à prendre, pleine de risque. Et l'on tentait de briser l'incertitude, sans doute pour garder courage. Le ciel scruté livrerait sa réponse. L'augure se tenait droit, en face du sud ou de l'ouest, voire du nord. La croyance commune au rôle des présages se transposait ainsi dans l'ordre du sacré. Tout phénomène un peu inhabituel était compris comme un signe : aux étranges rêves des hommes, dits prémonitoires, faisaient pendant les phénomènes célestes insolites. Un éclair, une averse soudaine, la fulgurance d'une comète, une éclipse parlaient à mots couverts le langage de l'avenir, et l'inquiétude était proportionnée à l'effet de surprise. Un aigle surgissant dans le ciel, un cri d'orfraie, la courbe fléchée d'un vol d'oiseau semblaient annoncer une manifestation imminente du destin.

Les oiseaux de mauvais augure et ceux de bon présage se tenaient là-bas, cachés sous l'horizon. Lesquels allaient prendre leur envol ? Deviner, se faire devin, et avertir... Le sort des armes et des empires se jouait à la rencontre des actions humaines, des libertés en acte, mais nul être humain ne pouvait le savoir à l'avance, sauf à tenir sous son regard l'univers entier et les scénarios qui s'y trament, dans l'obscure conjonction des travaux et des initiatives. Pour congédier l'angoisse du hasard, on s'évertuait à deviner, à pratiquer la divination. À l'opposé des Grecs, les Romains voulaient voir dans les signes qui viennent de la gauche des présages favorables, et dans ceux qui venaient de la droite des présages funestes. Partage aléatoire, sans véritable certitude, et qu'ils inversaient parfois. La raison avait beau tenter de prévoir le probable, la part d'aléatoire n'en demeurait pas moins présente, frappant toute chose d'incertitude. Vertige des possibles, crainte de l'inattendu. Jusqu'à la paralysie parfois. Hérodote, au neuvième livre de ses *Histoires*, raconte que la bataille de Platées fut comme suspendue pendant dix jours, car les Grecs et les Perses, prêts à s'affronter, avaient vu des présages qui les invitaient à rester sur la défensive, faute de quoi la défaite semblait assurée.

La vie est attente, espoir. Et elle doit se faire patience. L'ordre du monde, tout d'abord, ne semble pas dépendre de nous. Dont acte. Le verdict est de sagesse. Même dans les moments de détresse, la conscience reste un peu cette mémoire d'enfance qui joue avec les choses et parie sur elles. Le désir de vivre est bien là, qui interpelle le monde et l'enchante. *Principe de plaisir*, dit Freud, pour exprimer cette première façon d'être au monde. Les choses ne sont pas indifférentes. Au regard qui s'attarde sur la fleur, la couleur délicate des pétales se fait beauté consciente. À l'aurore qui redécouvre la terre par la montée de sa lente lueur, l'éveil étonné rend secrètement hommage. On va courir dans la vie, on va faire des rencontres, on va tisser des amitiés. Impatience de vivre. Le temps des rêves a pris place là où le monde doit révéler sa richesse. Regard d'enfant, qui bientôt peut-être ne sera plus le même. Les premières déceptions l'auront lesté de nostalgie, mais il subsistera comme la fraîcheur d'antan.

Le bonheur de penser

Tout cela est bien connu, trop connu peut-être, au point de ne plus retenir l'attention. Mais il y a beaucoup à gagner à penser l'expérience rappelée ici. Cesser de subir sans comprendre, d'être en quelque sorte le jouet d'une vie davantage reçue que conquise. Prendre les devants pour apprendre à accueillir ce qui advient. Il s'agit de découvrir d'abord en soi ce qui permet l'initiative, de porter attention aux ressources intérieures et à leur usage insoupçonné pour vivre.

Voyez la conscience parcourant ainsi sa propre mémoire. Dans tout cela le bonheur peine à s'affirmer comme un état durable. On en rêve, sans trop savoir en quoi il consiste. On le découvre après coup, lorsqu'un moment heureux a pris fin. « Bonheur, je t'ai reconnu au bruit que tu fis en partant. » On avait donc vécu, sans savoir, quelque chose d'essentiel, et l'évidence du bien-être ne se redoublait d'aucune conscience affirmée. Les jours heureux sont comme l'air qu'on respire. On les vit à pleins poumons, on se meut en eux sans y penser. Étourderie, qui prive de cette joie qu'on éprouve à goûter la présence d'un bien, à se savoir heureux, à retenir ce trait de la vie pour s'en nourrir. L'être s'augmente de ce qu'il vit, et cet accroissement a quelque chose d'essentiel. Lucidité, c'est-à-dire lumière faite sur ce qui advient, comme une trace de soleil laissée sur la corolle soudain resplendissante de sa couleur.

Renoncer à penser, à questionner l'expérience vécue, c'est se condamner à subir. On dit que la théorie est grise au regard des couleurs de la vie native. Mais c'est la juger par des exigences qui ne sont pas les siennes. Nulle compréhension apaisée ne peut se former tant qu'une distance minimale ne s'est pas tracée. L'émotion peut submerger, comme le soleil aveugler. Pour s'émanciper de l'angoisse née dans l'alternance de la crainte et de l'espoir, il faut que l'homme sache ce qui dépend de lui. Et se délivre ainsi du sentiment d'impuissance. Tout n'est pas question de bonne fortune, ou de mauvaise. La démission de la réflexion ouvre la voie à cette servitude inaperçue qu'on appelle superstition. On a de la chance ou on n'en a pas. La vie se fait simple attente, voire attentisme.

Philosopher, c'est apprendre à espérer raisonnablement, c'est-à-dire dans la conscience nette de ce que l'on peut. Il n'y a plus à opposer, dans un romantisme mal compris, la verdeur de la vie et la grisaille de la théorie, mais à prendre au mot le pari de lucidité que toute épreuve conduit à relever.

La philosophie, c'est la recherche de la sagesse dans l'action comme dans la réflexion. Prendre soin de ses pensées, comme on fait de son corps, et de sa tenue. Le rapport intime de la vie et de la réflexion se joue ici, et il est lui-même, si l'on veut bien en prendre conscience, une source inédite de joie. Il prépare, comme le dirait Spinoza, l'interaction féconde de la puissance de comprendre et de la puissance d'agir.

Descartes évoque cette joie d'une espèce particulière qui surgit lorsque l'âme, siège de la réflexion, produit par « ses seules armes » une connaissance qui éclaire la conscience comme une sorte de foyer intime. Voici qu'une lumière neuve se projette sur les choix de la vie. C'est alors qu'une « émotion intérieure » prend sa source dans l'âme, et lui apporte un contentement intense. Celle-ci peut compenser, voire surmonter, une passion triste qui naît de l'adversité des circonstances extérieures. L'intelligence est donc capable de joies qui lui viennent d'elle seule. Comprendre le réel, même lorsqu'il dérange, est ainsi plus facile. Cette hardiesse a sa récompense.

Deuxième leçon

L'imaginaire du bonheur

Espoir et crainte : la fluctuation de l'âme

Les désirs traduisent l'intensité de la vie. On ne reste pas neutre face au spectacle du monde. Les sensations s'ordonnent selon le plaisir ou la souffrance qu'elles procurent, et il est difficile, du moins dans un premier temps, d'apprécier pour elle-même la simple présence aux choses. La poésie, cette façon libre et gratuite de vivre l'existence, ne peut advenir qu'à un être serein, délivré des tensions du besoin ou du désir.

Les éléments matériels concentrent en eux l'imaginaire des attentes, attirances ou répulsions. La flamme d'une chandelle fait rêver. Mais le feu qui crépite dans la cheminée attire et repousse. Sa fascination ambiguë retentit dans la mémoire des douleurs et des plaisirs. Chaleur ou brûlure, vie jaillissante ou destruction. L'eau claire et svelte capte la lumière et joue la joie de la vie ; l'eau profonde et noire où s'attarde la nuit a des échos de mort. L'air matinal se fait brise douce ; le vent du soir gonfle en tempête cosmique. Le frisson tour à tour se fait plaisir et peur. Quant à la terre, chaude encore de la vie qu'elle héberge, elle exhorte aux aventures de l'amour. Mais, alourdie par la froidure hivernale, elle se rappelle comme sépulture : repos et poussière. Gaston Bachelard, le savant poète, a su rappeler la force de cette imagination matérielle qui transfigure les choses.

Le bonheur est une aspiration pour l'homme, et pour lui seul. Il est aussi pour lui un problème, lié à l'originalité de la condition humaine. C'est qu'il tient à la vie même de la conscience, à la fois sentiment et raison, expérience vive et recul. Vie multiforme. Captée par le spectacle du monde, elle se fait étonnement, mais aussi frayeur et espoir. Séduite par l'expérience du plaisir, elle en garde la mémoire vive, et l'inscrit en elle : le désir en prolonge la magie par une image fébrile. Blessée par les premières souffrances, elle en est parfois obsédée, jusqu'à méconnaître tout le reste : la peur en reproduit la hantise. Espoir et crainte. Fluctuation. Bref, la conscience ne se tient jamais au seul présent, et si elle peut en jouir, c'est qu'il fait écho d'une certaine manière à son histoire intérieure. Anticiper, se souvenir, déborder sans cesse l'immédiat…

Du plaisir intense, plénitude vécue, surgit l'espoir de le faire revenir. Le désir de vivre se fait alors quête passionnée. On aime désirer comme on aime aimer, parce qu'on sait ce qui peut venir et revenir, comblant l'attente, répondant au ravissement des premiers plaisirs.

De la douleur subie, traumatisme silencieux, naît la crainte des autres douleurs. On a peur de souffrir à nouveau, et la vie se fait inquiétude sourde. Alors se forme comme une peur de vivre, passion triste qui ne laisse guère sa chance au bonheur. Entre désir de vivre et peur de vivre, la perspective du bonheur semble se couvrir de brume, comme la lumière incertaine qui éclaire au loin la route. Et qui peut s'éteindre à jamais comme se faire soudain plus vive que toute nuit, que tout déclin.

La vie s'éprouve donc comme une attente, et elle se polarise entre espoir et crainte. Spinoza parle de fluctuation de l'âme pour dire cette sorte d'inquiétude qui habite la conscience. La forme première du désir dramatise l'avenir, sommé de répondre aux impatiences dévorantes. Comment s'accommoder d'une telle façon d'être ? Il ne s'agit pas en effet de tenter de la supprimer, ce qui serait vain, mais de l'assumer avec sérénité. D'autant qu'elle est source de dynamisme et d'action, d'initiative et de persévérance créatrice, pourvu que la raison la rende lucide et par là même apaisée. Le programme de la sagesse esquisse ici son orientation première. Il faut que la question du bonheur s'affranchisse alors du cycle des tourments, et prenne sens par-delà l'expérience aveugle qui ne fait que subir. Déclinons la pensée du bonheur, et ce dire esquissera, modestement, le souvenir des promesses que contient le simple fait de vivre.

Une pensée vitale

Qui ne désire être heureux ? Mais qui peut définir précisément le but à atteindre, et trouver les chemins pour y parvenir ? La question mérite d'être pensée, car le gain de conscience est accroissement d'être. Comprendre, éclairer ce qui est incertain, ce qui résiste au désir de vivre pleinement, c'est déjà changer les choses. Jusqu'à l'éclosion d'une joie propre au regard lucide. La réflexion, en l'occurrence, c'est déjà la vie, la vie intérieure qui met à distance et délivre. Une certaine lumière jaillit des questions posées : elle restitue la vie comme un paysage à découvrir, comme un mystère à résoudre, comme une source vive à retrouver sous l'épaisseur des temps et des lieux. S'il n'y a pas de recettes du bonheur – cela se saurait –, il y a néanmoins des repères pour en rappeler la promesse, des chemins à ne pas oublier, des possibles à faire advenir. Ne vivons pas comme si la pensée nous était inutile, comme si la succession des jours devait simplement être subie.

Bonheur. L'idée vient déborder le mot. Qui pourra dire ce qu'il entend par là ? Le bonheur, c'est d'abord l'heure faste, le présage favorable. Un instant de chance et de grâce, fugace et tendre, qui donne à la vie son premier sourire. On s'y reprend à deux fois pour le saisir, mais déjà il a filé. « Le bonheur est dans le pré. Cours-y vite, cours-y vite. Il va filer. » Temps court, dont l'inquiétude humaine imagine le prolongement, comme pour échapper à la précarité de l'instant. Mais est-ce possible, si la vie est aléatoire ? Nulle formule achevée du contentement durable ne s'offre alors. Bonheur fantôme ?

On peut, comme cela est dit souvent, « avoir tout pour être heureux », et ne pas l'être. Le rapport au temps, à la vie comme aventure, mais aussi à la diversité des êtres singuliers, rend difficile la conception d'une définition unique, susceptible de réunir en elle des versions différentes. D'où le trouble d'un mot qui chante à voix confuse et s'ouvre aux errances fébriles de l'imagination. Il faut donner à la conscience le temps de la pensée, patience attentive de comprendre.

Un idéal d'imagination

L'évidence d'une aspiration s'est concentrée dans un mot. Et celui-ci est difficile à définir. Kant y insiste dans la deuxième section des *Fondements de la métaphysique des mœurs* (édition Delagrave, p. 47) : « Par malheur, le concept de bonheur est si indéterminé que, quoique chacun désire être heureux, personne ne peut jamais dire d'une manière déterminée et conséquente ce qu'il souhaite et veut véritablement... » Une telle difficulté annonce des conceptions très variables. C'est que la question du bonheur se pose au niveau de l'individu, et que lui seul peut en décider, sauf à être infantilisé par une conception paternaliste propre à le tenir en tutelle. Cette indétermination atteste en fait la liberté de chacun dans le choix de son mode d'accomplissement : nul modèle obligé ne peut valoir en la matière, et c'est rassurant.

La difficulté de définir le bonheur, d'en donner une version universellement admise, est donc une bonne nouvelle. Le bonheur correspond, comme le dit Kant, à un *idéal de l'imagination*, variable selon les individus, et à ce point solidaire de la liberté que tout modèle qui en serait proposé serait suspect. Si l'idéal d'accomplissement des êtres humains ne peut être assujetti à des normes, du moins requiert-il des repères qui puissent servir de référence pour s'émanciper des limites propres aux situations données. La philosophie peut alors intervenir non pour dire ce que doit être le bonheur et comment en remplir la promesse, mais pour contribuer à la lucidité et à l'exigence d'un idéal qui libère de toute conception étriquée, de tout renoncement indu.

Mais cela ne veut pas dire, évidemment, que toute esquisse des conditions de l'accomplissement, ou de ses voies multiples, soit suspecte. On peut donner idée d'un accomplissement sans pour autant l'imposer. Le plaisir artistique, par exemple, peut dans certains cas de détresse existentielle être totalement méconnu. Le seul fait de le suggérer comme source originale de plaisir délivre des limites présentes l'idée qu'un homme peut se faire de son propre accomplissement. L'idéal agit alors non comme un modèle arbitraire et contraignant, mais comme une sorte de mémoire du meilleur de l'humanité, et de la diversité possible de ses registres d'accomplissement.

On rêve. Les désirs à satisfaire ne sont guère définis au moment où l'espoir invente l'avenir. Ils sont si nombreux et divers, ils peuvent se combiner de tant de manières, qu'on ne saurait en dessiner une image aussi simple qu'évidente. Du bonheur comme harmonie des différents registres d'épanouissement il n'existe pas un modèle unique, facile à représenter. On peut bien décrire des moments heureux, mais non désigner le bonheur comme une chose aux contours définis. C'est à l'imagination humaine qu'appartient l'esquisse du bonheur. Et elle en compose l'idéal plus que l'idée précise. Choisir une forme d'accomplissement à l'exclusion des autres serait mutilant. Dire ce que doit être une vie de bonheur est impossible, tant l'idéal ainsi concrétisé paraîtrait tout aussitôt relatif. Reste un idéal de toutes les jouissances possibles, conjuguées dans une vie de plénitude. Mais un tel idéal n'a de sens que comme repère, voire de mémoire, de ce que peut l'humanité. Et cela est important lorsque le monde comme il va prive les hommes de tels repères, consacrant la mutilation d'existences privées d'horizon. Espoir et crainte… il faut déverrouiller l'horizon, et irriguer le réel par les sources fraîches de l'idéal.

Bonheur. Qui dira la difficulté de l'imaginer ? Terme idéal, peut-être. Ce n'est pas pour rien que les philosophes ont varié sur la définition des exigences qu'il recouvre. Comme ils ont conçu différemment les moyens d'y accéder. Ils ont ainsi rendu service à tout homme qui un jour se met à chercher les façons de vivre les plus propices à la polyphonie des joies, les assurances qui apaisent et les expériences qui renforcent. Il ne s'agit pas de lire des recettes dans leurs sagesses. Ni non plus d'en rester au qui-vive des questions indéfiniment posées, à l'angoisse du doute qui submerge bientôt la conscience. Il importe seulement, si l'on peut dire, de rappeler tantôt comment se prépare l'aptitude au bonheur, tantôt comment elle se restaure quand une épreuve l'a compromise.

Les éléments du bonheur

Le bonheur se donne d'abord comme une sorte de constat, en forme de bilan, de ce que ressent la conscience humaine. De ses joies, de ses peines, de ses accomplissements, de ses frustrations, se dresse implicitement l'inventaire, pour savoir de quel côté penche la balance. Il serait naïf de croire qu'une telle opération donne lieu à une arithmétique délibérée et maîtrisée. Elle s'éprouve de façon souvent confuse, et se traduit par un bien être ou un mal-être d'abord difficile à formuler. Être heureux, c'est d'abord se sentir heureux, et le rôle de la conscience est ici essentiel. C'est pourquoi la sagesse philosophique a insisté sur la manière dont on accueille en soi les événements de la vie auxquels on ne peut tout d'abord pas grand-chose. « Rester stoïque »... « Prendre ce qui arrive avec philosophie »... De telles formules ne décrètent pas la sérénité, mais indiquent la direction de l'effort sur soi qui peut y conduire.

Tout bilan est relatif, et la nostalgie suggère bientôt qu'au regard de ce qu'on a fait ou pu faire il y avait sans doute d'autres voies possibles. Est-on sûr de ne pas passer à côté d'accomplissements que l'on pourrait regretter, si du moins on en avait une idée claire et distincte ? La question peut devenir lancinante, et la mélancolie qu'elle suscite projeter une ombre secrète sur la vie réellement menée. D'où l'idéal d'une totalité des accomplissements et des satisfactions accessibles à l'homme. Et si le vécu ne permet guère de l'embrasser, alors l'imagination y pourvoit, qui se présente comme une déclinaison idéale de tous les bonheurs possibles. Utopie, dira-t-on, en soulignant à la fois la dure réalité et la diversité des êtres humains, dont chacun voit midi à sa porte. Reste que ce haussement d'épaule n'est pas un signe de lucidité, ni d'attitude libératrice. Qui ne voit qu'en la matière les niveaux d'aspiration sont trop souvent dictés par les niveaux d'origine ? Veut-on que la naissance, la condition subie, se transforment en destin, en se reproduisant chez les êtres à l'insu de leur courage et de leur volonté de vivre ? L'imaginaire du bonheur est comme un levier d'émancipation. Certes, il peut engendrer par contrecoup des sentiments de frustration qui ne sont pas peu de chose dans le malheur. Mais doit-on se priver de la mesure de peur de découvrir une réalité qui dérange ? Autant jeter les thermomètres pour nier les fièvres. L'inconfort de l'écart est plus digne de l'humanité que le consentement aveugle à l'existence mutilée.

Reste que la totalité visée ne prend sens que par rapport à l'ensemble des tendances et des aspirations propres à l'humanité. L'assouvissement équilibré, sans reste, de toutes ces tendances est une sorte de maximum qui peut valoir référence, ou horizon, afin que la recherche personnelle du bonheur ne soit affectée d'aucune amnésie. Ainsi on peut découvrir un jour, dans la joie d'une musique inconnue, ou d'un nouveau sport maîtrisé, ou d'une rencontre éclatante, que l'on vivait en deçà de ses possibilités d'épanouissement. On fait alors un retour salutaire sur des limites dont on n'avait pas conscience, et dont on ne souffrait pas. Mais était-ce une raison pour s'enfermer en elles ?

Les registres d'accomplissement de l'humanité sont effectivement multiples. Tous les plaisirs sensuels en sont des exemples, non seulement par l'agrément immédiat qu'ils procurent, mais par l'enrichissement durable de l'être qu'ils engendrent. De l'éthique du plaisir à l'ontologie de la jouissance, la conséquence est bonne. La joie de comprendre, le bonheur d'agir, la douceur confiante de l'amitié, la jubilation radieuse de l'amour font partie de l'idéal du bonheur, et peuvent s'y combiner de diverses façons, au gré de l'individu et de sa libre affirmation. L'esprit et le corps, la sensibilité et la raison, l'intelligence du cœur et l'audace de l'imagination sont tour à tour en jeu. Un tel clavier de facultés, bientôt, fait plus pour le bonheur que la chance et la bonne fortune. Il se découvre comme une ressource détenue en propre par l'homme, et qui se soustrait aux aléas d'une existence incertaine.

L'imaginaire du bonheur ne transige pas avec les niveaux d'aspiration, mais il n'implique aucun modèle obligé. Il en est ainsi, notamment, de l'homme total, ou universel, dont rêvèrent les révolutionnaires qui ne pouvaient se faire une raison des injustices et des mutilations qu'elles engendrent. Au lieu de se hâter d'y voir un projet nécessairement totalitaire, il faut saisir l'esprit libérateur d'une telle utopie, qui ne devient dangereuse qu'en raison des ambitions de domination qui s'en saisissent et s'en servent comme d'un prétexte.

La quête de soi

C'est bien au niveau de chaque personne, comprise dans sa valeur singulière, que se joue l'aventure du bonheur. Invention unique, inédite, à mesure que l'existence prend figure et sens pour chacun. Comment savoir dès le départ ce qu'on voudra et ce qu'on visera ? La situation initiale, que l'on ne choisit pas, semble peser d'abord de tout son poids. Garçon ou fille, famille riche ou pauvre, contexte gai ou triste, physique avenant ou rude... La liberté de se faire n'a rien d'abstrait : elle s'incarne ici et maintenant, et dans des conditions bien définies. Le moi qui s'esquisse devra « faire avec ». Le désir de bonheur cherche confusément son imaginaire, pour s'affranchir des limites premières. Il appartiendra à l'existence de se doter d'ouvertures, d'aperçus libérateurs. Le simple sentiment d'exister, vide de toute référence et de tout contenu concret, met entre parenthèse l'héritage plus ou moins subi. Il s'appréhende bientôt comme une quête d'expériences capables de le rendre plus intense, d'émotions et de tourments. Le moi se cherche en quelque sorte au-delà de lui-même, et des frontières du cercle familier.

La philosophie du bonheur n'est pas un itinéraire fléché qui peut y conduire sans coup férir. Elle montre, plus modestement, la richesse des expériences possibles, des façons de vivre et des savoirs pratiques dont chacun peut acquérir la maîtrise. Elle enseigne la patience de vivre, qui est une sorte d'art quotidien. Elle se souvient des stoïciens quand ils insistaient sur cette joie sereine de l'homme qui a su vaincre la panique d'une souffrance, retenir l'impulsion qui le dessaisissait de lui-même, ajuster son jugement sur les choses. Elle rappelle la promesse d'Épicure, le philosophe du plaisir de vivre, qui délivre la présence au monde des vaines frayeurs. Elle se tourne vers la méditation d'Aristote sur la façon dont se compose un bonheur d'homme, intégrant les accomplissements de la vie jusqu'à cela même qui réalise le meilleur de l'humanité, et lui en fait éprouver le goût unique. Jouir de soi et de ses ressources les plus riches, c'est se sentir homme pleinement, et disposer de tout ce qui peut combler un être. Le bonheur de la pensée, et de la sagesse pratique qu'elle imprègne, procure un sentiment à nul autre pareil. Le plaisir fier qui en ressort n'était pas la fin visée, mais il accompagne la vie accomplie comme la jubilation de l'ivresse valsée scande les pas du danseur.

Troisième leçon

La fortune incertaine

Le besoin de sens

La quête de bonheur commence avec les joies offertes, quand le monde prend vie par les désirs qui l'habitent. Mais une inquiétude fondamentale ne tarde pas à tracer son ombre. On assiste à des scénarios dont on ignore le sens. Quelle étrange logique est à l'œuvre dans ce qui ne cesse de se produire ?

Une tentation se fait jour : se référer à un Dieu omniscient, qui détient le secret de tout ce qui advient. Et pour cause. Il en est l'auteur, il voit en avant, et cette providence déploie indéfiniment sa puissance. On imagine que ce savoir de la totalité des choses et des êtres, de l'histoire vécue, de ce chemin de tourments sans issue certaine, ne peut appartenir qu'à une puissance capable de créer ce qui est, et d'en prévoir le développement aussi sûrement que l'inventeur d'une machine en prédit le fonctionnement. Une religion de peur a jadis inventé la souffrance nécessaire. Comme si la tragédie de la mort et du mal devait prendre un autre sens que celui du risque de vivre, source des bonheurs et des souffrances. Ainsi de ce ressassement qui cherche un sens et justifie, qui voit vertu là où il n'y a que moment de faiblesse et de douleur. Pourquoi l'humanité devrait-elle se racheter, et de quoi ? Faute collective, dit le mythe. Mais le droit dénie toute valeur à cette notion monstrueuse, qui accable l'innocence. À l'aventure balbutiée, à la mémoire qui fixe ses repères, à la puissance de vivre qui ose et qui crée, faut-il vraiment substituer ce grand récit de malédiction, qui calomnie l'existence et ses temps, qui souligne comme à plaisir le devenir-poussière et le déclin des forces vives ? L'admettre, c'est installer l'hiver des corps et des âmes dans le printemps des désirs. L'intrusion mortifère du mal fatal fait son œuvre. Elle jette le soupçon sur l'onde indicible de plaisir qui exalte et nourrit, sur ce frisson de la chair surprise quand les corps mêlés délivrent l'évidence de leur jubilation. Si le trajet alterne joies et souffrances, pourquoi souligner ainsi la plus mauvaise part ?

Une autre conception se représente ce qu'on appelle le Destin pour unifier dans l'idée d'une force obscure et complexe l'entrecroisement imprévisible d'existences multiples, et même les dieux, alors, ne peuvent que se faire les artisans d'un tel destin. La Nature, incréée, produit depuis toujours ses effets innombrables. Nulle fin dans cet entrelacement indéfini de causes et d'effets. Le divorce entre les intentions humaines et ce qui arrive du fait de cet entrelacement donne à la vie sa dimension tragique, scellée par la mort finale, qui signe sans appel le caractère inexorable de ce qui est advenu. Cas limite, le malheureux Œdipe, au sommet de ses gloires temporelles, ne savait pas que se tramait par ses actions la pire des destinées, nouant le parricide et l'inceste. Il cheminait, sans savoir, dans le plus total aveuglement. À quoi lui servaient ses yeux de chair, puisque sa cécité pratique accomplissait la tragédie ?

Les drames allaient s'enchaîner, indéchiffrables pour celui qui en était pourtant l'auteur essentiel.

Les hommes, s'ils ne sont que des parties du grand Tout, ne peuvent s'affranchir d'emblée de leur situation particulière, des effets de perspective et des tourments qui les accompagnent. Ils tentent de capter dans la nature un signe de l'ordre général, comme si elle pouvait leur parler pour leur révéler quelque chose d'eux-mêmes. Un orage, une pluie, un sillage d'hirondelle, un vol d'oiseaux groupés animent alors le théâtre du ciel. Et il faut bien comprendre cet étrange langage. Interpréter. Deviner la trame secrète, et l'ordre du monde qui s'y raconte. Naïveté des hommes oublieux d'eux-mêmes au point de croire que leurs actions sont lisibles dans le spectacle de la nature. Cicéron, qui joua pourtant le rôle d'augure, a établi dans un traité philosophique la fausseté de la divination. Il a su déjouer sa charge émotionnelle et le désarroi qu'elle traduit parfois devant le cours des choses, appréhendé comme un processus tout extérieur sur lequel les hommes ne disposeraient d'aucune prise. Mais on a besoin parfois de se faire tirer les cartes, pour ressourcer l'espoir et se dire que la vie réserve de belles surprises.

La superstition

Superstition. La nature peut-elle parler un autre langage que le sien ? De lourds nuages sont présages d'orage ou de pluies, non d'événements humains. Mais, comme l'enfant, l'homme faible attend toujours de la nature qu'elle se conforme à ses désirs : au touriste, la pluie est mauvaise, qui est bonne pour l'agriculteur. Et le signe ne trompe pas : sagesse paysanne, toute d'expérience, et sans mystère aucun. L'humanité alors est sortie d'enfance. Les oiseaux viendront à leur heure, bonne ou mauvaise : leurs migrations aussi sont dans l'ordre de la nature, comme le pouvoir de décider la guerre ou la paix.

Mais l'humanité espère et craint. Dans le moment de détresse où elle semble douter d'elle-même, voire oublier son pouvoir propre, le spectacle du monde est subi comme un ordre inexorable, impossible à comprendre, encore moins à maîtriser. On guette avec angoisse des signes et ce n'est plus un jeu. Fébrile croyance… Une force se tiendrait-elle au-dessus du monde, voire en lui, qui réglerait les choses en fonction des hommes, et poursuivrait des buts inconnus d'eux ? La peur prend sa source dans l'ignorance et la détresse de spectateurs hébétés, qui cessent d'agir, et ne font plus qu'attendre.

Les oiseaux viendront-ils du bon côté ? Le temps des rêves sera bientôt celui de l'incertitude. L'espoir et la crainte vont mêler leurs eaux, et le pont Mirabeau les verra couler, grisaille retenant des échos de soleil. La vie promet. La vie menace. Et le rêve premier s'y attarde sans trop comprendre ce qui s'y joue. Impatience et patience. Savoir attendre que la roue tourne, quand le malheur est venu : la sagesse est difficile, qui doit faire sa part à l'indifférence des choses, vécue trop vite comme hostilité. Le temps des rêves est devenu la mémoire d'un regard libre, que n'embrume pas encore le souvenir des premières déconvenues, des premières souffrances. On guette les mouvements qui animent le ciel. Les oiseaux de malheur viendront-ils encore et encore ? Les oiseaux de bonheur réapparaîtront-ils ? La fortune incertaine brouille le ciel.

Bonne ou mauvaise fortune

Fortune, un nom mythique, devenu courant dans le langage des hommes soucieux de comprendre les ressorts de leur vie. *Fortuna*, c'était à Rome la déesse de l'abondance soudaine et de la ruine qui ne prévient pas. Représentée les yeux bandés, elle incarne la figure d'une force extérieure, qui décide du sort des aspirations humaines. Sa corne d'abondance libère l'or en désordre, en monceaux répandus, comme si la démesure devait déjà en signaler le caractère aléatoire. Devant elle, la roue de la fortune, dont les tours changent d'un coup les conditions humaines : sceller la ruine ou offrir la richesse, ôter la santé ou la restituer, attribuer la plus haute puissance ou la défaire. Crésus, au sommet de sa richesse, qu'il devait aux sables aurifères du Pactole, entendit un jour l'avertissement du sage Solon : « On ne peut dire personne heureux avant sa fin. » De fait, il fut vaincu par Cyrus le Grand, et condamné à mourir sur un bûcher. Il fit alors allusion à la remarque du sage, et fut épargné.

La Fortune est dite bonne ou mauvaise selon les effets qu'elle produit au regard des attentes humaines. Nul ne doit donc se méprendre sur les biens qu'il tient des hasards qui l'ont servi, même si par ailleurs il peut légitimement les imputer à ses propres efforts. Ceux-ci, nécessaires, ne sont pas toujours suffisants, et la dimension aléatoire de l'aventure humaine ne peut se laisser oublier. Après l'insolente fortune, la ruine. Après la ruine, l'ascension vertigineuse. Des sommets aux abîmes, du Capitole où trônait la puissance à la Roche Tarpéienne, d'où l'on précipitait les condamnés, il n'y a pas si loin. Ce rappel n'est pas de nature à décourager l'initiative, mais à en resituer les effets. Il ne s'agit pas en effet de souligner la misère de l'homme sans dieu, comme le fait un Pascal, mais de prendre la mesure de ce qui ne dépend pas d'un homme, au moment où il agit. Et d'en émanciper, autant qu'il est possible, le chemin du bonheur. On pourra faire ainsi le plein de sa liberté, sans présumer du sort que lui réserve l'ordre du monde.

Faire contre mauvaise fortune bon cœur. Un constat empreint d'admiration, qui ose à peine se transformer en maxime, tant la chose semble difficile, surtout à celui qui voit fondre sur lui la pire des souffrances, et se met à douter, radicalement, de l'intérêt qu'il y a à vivre. Argent, honneur ou gloire, pouvoir, jouissances devenues ordinaires : ces biens semblent si essentiels à l'accomplissement qu'on tend à les ériger en absolus, quoi qu'en dise la conscience lucide, qui avertit périodiquement de leur précarité. C'est l'expérience faite et racontée par Spinoza, et d'autres philosophes. Expérience en forme de roman d'initiation, et de prélude à la conversion philosophique. Un roman vrai, mais exemplaire, comme l'histoire du cogito de Descartes. La philosophie, d'abord, ne change rien aux choses qu'elle élucide. Elle modifie seulement, et c'est déjà beaucoup, le regard porté sur elles. Elle change par là même la façon de les évaluer. L'expérience vécue, en certaines occasions, permet d'anticiper cette mutation. Le deuil soudain, le revers brutal de fortune, la rupture d'une relation d'amour se chargent de remettre toute chose à sa place, et d'en apprécier plus justement la valeur relative. La philosophie ne fait pas autre chose que prolonger et développer, grâce aux ressources de la raison, une telle prise de conscience.

Il faut alors comprendre que rien n'est jamais acquis : ce qui dépend du cours du monde est une chose, ce qui dépend de nous en est une autre. Les stoïciens ont fait de cette distinction un principe de sagesse, appelant l'homme à se concentrer sur ce qui réellement est en son pouvoir. Cela ne signifie pas qu'il ne puisse agir sur les choses extérieures. Simplement, quand l'ordre qui les organise dans un ensemble est plus fort que toute initiative humaine, il ne sert à rien de s'y opposer : on s'épuise en efforts aussi vains que désespérés. Ainsi comprise, la Fortune n'est ni bonne ni mauvaise en elle-même. Le fait qu'elle puisse être tour à tour bonne et mauvaise au regard de l'homme dit suffisamment par quelle illusion trompeuse elle paraît telle ou telle. Seule l'attente humaine – espoir ou crainte – donne consistance à un tel jugement. Fortune, destin, hasard, résonnent alors comme autant de noms que peut prendre la peur. C'est l'expérience tendue par l'incertitude qui s'angoisse elle-même, au lieu de s'apaiser par la nette conscience du partage entre les choses sur lesquelles on peut agir, et celles qui restent hors de portée. Par ce constat, chacun essaie de prendre la mesure de ce qu'il peut, et des limites objectives de son initiative. Et surtout il est reconduit, de façon salutaire, à la richesse de ses ressources propres.

C'est un faux-semblant pourtant que le sentiment d'une telle extériorité. L'ordre du monde intègre l'action humaine : le malade qui appelle le médecin met en place une autre situation objective que celui qui attend que la nature fasse son œuvre inexorable – guérison ou issue fatale. La nature elle-même n'est pas une puissance isolée de nous. Nos actions se font en elle, à partir d'elle. Les stoïciens le rappelaient à qui croyait pouvoir tirer de leurs maximes une invitation à la résignation passive. L'homme est nature aussi bien que les forces qui l'entourent et semblent l'assaillir. Mais la nature a fait qu'il prend conscience d'elle en lui. Ce savoir est précieux, qui dessine le champ des possibles avec lucidité, sans illusion. L'accord avec la nature n'est pas alors soumission à un ordre extérieur ; il s'affirme comme l'émergence d'un savoir qui s'inscrit dans les limites de ce que les lois de la nature rendent possible.

Le présent du bonheur

La rosée irradie une lumière étonnante, et la beauté des choses pourrait emplir toute conscience un peu attentive. Mais il y a le souci, et cette inquiétude lancinante du temps, propice à la fluctuation obstinée entre espoir et crainte. Qui dira jamais cette oppression du temps à remplir, du temps qui détourne des offrandes proches, des sensations pures, de ce parfum de plaisir où baigne chaque être ? *Nous ne nous tenons jamais au présent*… Pascal fait remarquer cette sorte d'inquiétude sourde, ou violente, qui voile la présence douce du soleil assoupi dans les choses. Celles-ci insistent pourtant, qui rappellent l'homme à l'évidence de ce qui se donne à lui. L'air qui caresse la chair, le ciel qui enchante les yeux, la main lente qui se glisse dans les cheveux, le sourire d'un visage et la respiration silencieuse des lèvres aimées…Il faut s'arrêter, prendre le temps d'échapper au temps. L'instant est éternel, car rien ne passe de ce bonheur accompli dans la sensation unique. Une gorgée d'absolu, que rien ne limite.

Mais la conscience est habitée, comme alourdie par le passé. L'enfance révolue a emporté avec elle sa façon de regarder, de jouir du moment sans arrière-pensée. Il faut en quelque sorte réapprendre ce regard, cet accueil, sans nier la mémoire vivante de l'expérience. Faire retour à ce qui s'offre, aujourd'hui, sans condition, et en prendre soin. Agir lucidement, c'est aussi délivrer les ressources du bonheur des hantises qui masquent graduellement l'horizon. La philosophie se cultive ici comme un art de vivre.

Être heureux. Le bonheur, l'être humain y prend goût lorsqu'il satisfait plus ou moins durablement ses désirs. C'est qu'alors il a conscience de s'accomplir, au présent. Son être s'épanouit, s'ouvre au monde en une sorte de complicité qui atteste son accord avec la réalité des choses, telle qu'elle s'organise au même moment. Bonne heure, dit l'étymologie. *À la bonne heure !* rappelle l'exclamation populaire. Un tel accord des désirs et des circonstances peut être simplement constaté, sans que les efforts antérieurs en soient la cause. On parle alors de chance, de bonne fortune. Le hasard fait bien les choses… Merveilleuse coïncidence du souhait et de la configuration du monde. Rare, cet accord fortuit n'en fournit pas moins l'idée de ce qui se passe quand advient le moment de bonheur. Le monde semble se mettre au diapason des désirs, et les servir au mieux. En d'autres circonstances, les mêmes désirs, voire les mêmes efforts, n'ont pas un tel couronnement. D'où le sentiment qu'une fois que l'homme a fait tout ce qui dépend de lui pour être heureux, le cours du monde impose sa loi, plus ou moins favorable au désir humain. Tout se passe comme s'il le déclarait ou non recevable. L'expérience d'un partage entre l'effort personnel et la nécessité extérieure se constitue ici, qui ouvre au fatalisme ou au contraire au volontarisme extrême, selon les cas. En face d'un être de désir se profile la puissance équivoque de la Fortune, hasard et chance tout à la fois, mais aussi malchance inexorable. Évoquant « les biens incertains de la Fortune », Spinoza invite les hommes à se libérer de leur emprise, non pour sombrer dans l'ascétisme, mais pour se préserver de ce qui tend à rendre captif.

Indissociablement, le bonheur recouvre l'épanouissement personnel et le sentiment qui l'accompagne. Cette prise de conscience procure donc une jouissance qui lui est propre : éprouver l'accomplissement de soi n'a de sens que pour un être capable de se représenter sa vie, de l'apprécier. On devine ici que l'homme doit prendre soin de ses pensées, de sa conscience, car c'est en elles, d'abord, qu'il peut trouver de quoi convertir un plaisir en satisfaction durable. C'est aussi par elles qu'il peut s'affranchir des limites du moment, et surmonter la tentation du désespoir.

C'est bien de l'homme qu'on dit qu'il est heureux, et non de l'animal, sinon par analogie et projection. Conscience heureuse et bonheur semblent se lier si étroitement qu'on imagine mal l'un sans l'autre. Il arrive pourtant qu'on se rapporte à un moment de sa vie pour le ressaisir, rétrospectivement, comme heureux, alors qu'on l'avait vécu sans une telle conscience. Ce décalage nécessite réflexion. L'expérience humaine est ici en jeu. La jouissance liée à l'accomplissement n'est pas toujours reflétée par la conscience, mais elle n'en est pas moins réelle dès lors qu'elle est éprouvée intérieurement, et se manifeste par une certaine façon d'être. Le sentiment de bonheur prend sa source dans cette sorte de plénitude. Il la porte à la conscience vive. On jouit alors de soi en un double sens : l'être jouit de son accomplissement, et la conscience même d'une telle jouissance s'accompagne de sa joie propre. Voilà bien le gai savoir.

DEUXIÈME PARTIE

LE GOÛT DU BONHEUR

Récit
La nostalgie d'Achille

Achille a été un héros. Ses hauts faits ont marqué la Guerre de Troie, et l'*Iliade* en construit le récit ébloui. Homère raconte qu'il a choisi une vie courte et violente, assortie de gloire. Il aurait pu la vivre paisible et douce, longue. Une vie à ses yeux sans intérêt, car sans relief ni renom. La vie anonyme du commun des mortels, d'abord considérée comme fade parce qu'on la juge de l'extérieur, répugne à la soif de vivre. *Tout, tout de suite* : l'impatience est là, qui consume. S'il est une peau de chagrin, c'est bien celle d'Achille, dévorante et dévorée, consommée et consumée dans l'ivresse de vaincre et d'aimer, de conquérir et d'agir. La belle et bonne mort n'est pas crainte. Elle signe l'héroïsme et justifie l'aventure étincelante.

Platon raconte qu'au moment de choisir une nouvelle vie Ulysse se porte au contraire vers une existence modeste, sans richesse ni puissance, mais qui n'en est pas moins à hauteur d'homme. Il fait ce choix dans le sillage de son odyssée, périple de tous les dangers, vie exposée sans cesse aux tourments comme aux gloires, vie de richesse et d'angoisse, tracée dans les tempêtes. Vanité saisie après coup. Le bonheur n'est-il pas aussi dans la sagesse du quotidien, cultivée modestement, à l'écart de la rumeur du monde ? Cultivons notre jardin, fait dire Voltaire à Candide, l'innocent affranchi, revenu de tout comme des odyssées multiples qui ont compromis l'optimisme béat. C'est qu'il a tenté le grand voyage du monde, enchaînement d'aventures brèves et violentes, de découvertes stupéfaites et de bouleversements. Le retour au jardin modeste de l'existence sans histoire vaut-il conclusion désabusée, ou simple moment de retour à soi quand les tourments du voyage ont été mis à distance ? Une alternative un peu triste se présente alors comme un constat de ce que serait la condition de l'homme : « Né pour vivre dans les convulsions de l'inquiétude, ou dans la léthargie de l'ennui » (conclusion de *Candide*).

L'idéal héroïque dit pourtant quelque chose qui peut intéresser chacun, même lorsqu'il partage une condition tenue pour ordinaire. *La vie est offerte, mais il faut la façonner.* Toutes les vies ne sont pas équivalentes, même si la justice due à la vie et à tous les êtres humains conduit à leur vouer le même respect. C'est qu'il s'agit de bien vivre, et d'une vie d'homme. Et pour cela l'usage que l'on fait des choses que l'on n'a pas choisies est essentiel. Vivre. Une offrande, une chance, une présence au monde étonnée, pour bien saisir la beauté des choses, et s'en faire un témoignage précieux lorsque viendra la souffrance. Vivre est une chance, et Achille errant dans le royaume des morts ne peut que s'en souvenir. Ne dit-il pas alors qu'il aimerait mieux être encore en vie, même dans la plus modeste des conditions, que d'être une sorte de roi des morts ? Le dernier des vivants plus que le premier des morts… Nostalgie comparable à celle qui se rapporte aux jours passés, y inscrivant toutes les choses qui auraient pu être vécues. On redécouvre le goût inimitable de la vie, de cette respiration silencieuse à laquelle on ne prenait pas garde. La conscience est reconnaissante de telles retrouvailles. Il y a là comme le charme d'une attente indéfinie, qui se tient dans l'ouverture des vies possibles et des espoirs sans contours.

La nostalgie d'Achille résonne comme un rappel aux vivants étourdis qui l'oublieraient. Savent-ils la chance qu'ils ont ? Mettra-t-on en avant les misères multiples, pour en faire douter ? Mais celles-ci font partie du risque ordinaire, comme les enchantements. Même si la vie devient parfois fardeau, c'est à la condition qui lui est faite qu'il faut s'en prendre, non à elle-même. Vivre, et avoir la chance de goûter cette présence au monde qui s'éprouve et se pense, qui se saisit elle-même jusque dans la plus radicale négation. La vie est belle. L'exclamation peut sembler dérisoire lorsqu'elle vient du déporté que l'abjection des bourreaux veut refouler en deçà de son humanité. Mais elle est le cri ultime du sens, jeté à la face du monstre. Un souffle encore vivace entre les lèvres, une lumière de conscience au fond du regard exténué, la trace d'un sourire dans le visage de l'enfant qui n'en peut plus : la vie signe là sa dimension sacrée, et dépasse tout projet de destruction.

Les tragédies qui menacent la forme humaine de la vie la poussent dans ses retranchements pour la tester, ne sont que des cas limites. Aux confins de la mort, l'essentiel ressurgit, et il ridiculise les mesquineries ordinaires. Celles-ci faisaient écran. Il est toujours temps de s'en affranchir, sans attendre l'extrémité tragique. Penser le poids relatif des choses, c'est d'abord se demander quel bien mérite d'être poursuivi pour lui-même. Et par contrecoup ramener à leur niveau les biens qui ne sont prisés qu'en vue d'autre chose qu'eux-mêmes. C'est ainsi qu'Aristote ouvre le grand livre de l'*Éthique*. Richesse, gloire, honneur, puissance subissent l'épreuve radicale quand la vie vacille, quand le corps grelotte, ou quand l'être aimé s'éloigne inexorablement dans une nuit irréversible. Silence intérieur et retraite provisoire sont alors salutaires, ne serait-ce que pour ressourcer le goût de vivre.

Retour à la vie, à la vie précieuse qui bat sous les tempes, au sentiment d'exister qui prolonge les frissons de la chair. Il faut décrire les différentes formes du goût de vivre, et garder leur mémoire féconde au cœur de la conscience. L'expérience alors pourra être accueillie avec toutes ses richesses, regardée avec confiance.

Le goût du bonheur, c'est d'abord le simple goût de vivre, qui est *jouissance de soi* et de la présence au monde, toute nue, avant même que l'envahisse le tourment de l'histoire, ou après que ses échos s'en sont éloignés. « Jouir de soi à part », comme dit si bien Montaigne. Contemplation intérieure.

Le goût du bonheur, c'est aussi le *goût du monde*, des émotions qui le sillonnent, des musiques multipliées qui s'y répondent, des formes pures qui s'y révèlent. Poésie des choses et des êtres, paysages et mouvements qui éveillent à lui-même le plaisir des sens et des perceptions. Et ce goût devient richesse intérieure lorsqu'il se prolonge dans le plaisir de la représentation subjective. Les images fixées, retenues dans le creuset de la vie première, il nous est donné de les faire paraître à nouveau, en nous-mêmes, et d'en jouir indéfiniment. Imaginer, rappeler un souvenir, faire varier l'écho personnel des événements, c'est aussi une liberté qui délivre des limites. Les pensées ne sont pas seulement filles du vécu, mais envols réitérés. Contemplation à la fois extérieure et intérieure, quand un pont jeté entre soi et le monde accomplit le bonheur de la simple présence.

Le *goût de l'autre*, c'est d'abord l'ouverture à l'amplitude de l'humanité, qui prolonge le dépassement des limites personnelles. On s'augmente soi-même d'un tel rapport aux hommes. Ego et alter ego. L'expérience merveilleuse du regard d'autrui nous fait comprendre que le monde familier n'est qu'une partie du paysage de la vie. On ira donc à la découverte des territoires inconnus, et des expériences qui les révèlent. Le même et l'autre. L'autre et le même. Le sentiment ouvre et accueille. Bonheur d'amitié, qui est tout à la fois regard commun et regards différents. Bonheur d'amour, qui oscille entre le mystère de l'autre devenu irremplaçable et le vertige d'une fusion étrange qui d'un même élan nous affirme et nous dépasse.

Quatrième leçon
Le goût de vivre

La présence de la vie

Achille, le héros à la vie brève, nous parle d'outre-tombe. Premier des morts, il erre parmi les fantômes, et la mémoire du soleil le fait rêver. Être le dernier des vivants ! Si seulement !

Le goût de la vie… Tout d'abord, il y a cette sensation unique de la présence au monde, éprouvée dans la transparence un peu froide d'un matin hivernal, ou ressentie dans le grand midi de la lumière, quand l'été exalte les odeurs et les mouvements. Aristote : « Avoir conscience qu'on vit est au nombre des plaisirs agréables par soi (car la vie est quelque chose de bon par nature, et avoir conscience qu'on possède en soi-même ce qui est bon est une chose agréable) » (*Éthique à Nicomaque*, IX, 1170a).

Vivre. Respirer. Sentir en soi ce souffle régulier dont on se surprend à craindre l'interruption brutale. Vivre. Un sentiment tout simple, que la présence au monde remplit de sensations multiples. Un sentiment trop souvent oublié, enfoui sous les tourments ordinaires. Un frisson d'air, vécu comme une caresse insolite sur la peau, vient le rappeler. Comme le fait une lumière naissante accueillie par le regard. La rumeur des choses s'éveille à la conscience. Et les voix qui se mêlent dans l'émergence matinale semblent se répondre depuis toujours. Dans leur demeure cosmique, les hommes vivent.

Vivre. On sent battre le cœur, discret métronome. La main songeuse s'abandonne à la fraîcheur de la rivière, tandis que la barque avance lente et sûre dans un demi-silence. Le paysage s'offre, comme étonné, à la contemplation. Solitude. Au loin, le monde s'obstine dans sa rumeur confuse.

Avant l'action et ses passions, avant le risque et l'espérance, il y a cette secrète joie d'être là, en attente, et de goûter le seul fait d'être au monde, de s'y savoir vivant, ouvert aux messages inconnus, prêt à l'aventure ; celle-ci viendra, et l'on se racontera bientôt ses souvenirs, ses promesses, ses regrets. Au point que peut-être le sentiment de vivre s'effacera sous les images et les échos du vécu lui-même. Il faudra le retrouver, par une promenade intérieure, solitaire, et la méditation informe qui alors succédera au tumulte de l'aventure.

Avec un peu d'attention à ce recueillement insolite, un vrai plaisir d'exister s'affirme. L'acuité de la vie se manifeste, comme une lumière nette qui découpe un paysage après la pluie.

Descartes raconte le moment de méditation comme retour à soi, « libre de tout soin ». Une telle retraite n'annonce aucun exil. Le monde est là, lointain et proche. On peut y retourner à tout moment, après l'exploration intérieure. Goûter la distance, c'est ressourcer la capacité de regarder, de voir. La conscience se reprend, s'apaise et fait la part des choses. Les mouvements du corps et les plaisirs qui l'habitaient se prolongent dans une quiétude explicite. Marc Aurèle, l'empereur philosophe, évoque les quêtes fébriles des Romains qui fuyaient pour un temps la ville. La vraie retraite est intérieure : elle ne requiert que le voyage immobile de la pensée, l'élision provisoire du monde, même lorsque se maintient le cycle ordinaire des tâches de la vie. « Ils se cherchent des retraites, maisons de campagne, plages ou montagne ; et toi aussi, tu prends l'habitude de désirer fortement des choses de ce genre. Voilà qui est absolument vulgaire, puisqu'il t'est loisible de faire retraite en toi-même à l'heure que tu voudras. Il n'est pas pour l'homme de retraite plus tranquille ni débarrassée d'affaires que dans sa propre âme, et surtout quand on possède en soi-même tout ce qu'il faut pour arriver, à condition d'y porter son attention, à une aisance facile... » (*Pensées*, IV, 3).

On dira la démarche impossible lorsque les tourments submergent et insistent : douleurs du corps, troubles de l'âme. Mais il est des exercices philosophiques pour cultiver la sérénité. Exercices de liberté. Pour l'heure, mémoire et imagination peuvent rappeler d'autres moments, raviver d'autres perspectives, et affranchir ainsi des obsessions présentes. Promenades intérieures.

La rêverie suspend l'urgence, et découvre étonnée que celle-ci peut finalement attendre. La conscience respire.

« Pour moi donc, j'aime la vie. »

« Pour moi donc, j'aime la vie » (Montaigne, *Essais*, III, XIII). Un tel aveu relève d'une confiance première. Le philosophe a remarqué que le plaisir accompagne la satisfaction des besoins essentiels, et il en tire une leçon d'optimisme. Découverte ordinaire, mais trop souvent oubliée : « Nature a maternellement observé cela, que les actions qu'elle nous a enjointes pour notre besoin nous fussent aussi voluptueuses. » Le goût de vivre relève d'un constat qui fonde la confiance. Le plaisir est un signe d'accomplissement. L'auteur des *Essais* le dit nettement : « Moi qui n'ai autre fin que vivre et me réjouir »... Et Montaigne d'insister sur la nécessité de raviver la conscience des plaisirs. Il ne faut pas seulement sentir « la douceur d'un contentement et de la prospérité ». Il faut la « savourer et ruminer ». Ne pas jouir des plaisirs comme on fait du sommeil, c'est-à-dire sans y prendre garde. Montaigne précise qu'il aimait à se faire réveiller, pour avoir le plaisir de se rendormir... La conscience heureuse n'a pas besoin de sortir de ses émotions intérieures et des témoignages du corps. C'est en elle que la nature se manifeste, et montre le chemin.

« Nature est un doux guide ». Les règles de vie ne se démontrent pas : elles se font sentir. La raison ne s'oppose pas à la sensibilité, qui tout au contraire l'esquisse sur le mode spontané. Plaisir et douleur ne mentent pas, et comme Épicure, Montaigne fonde son art de vivre sur leur évidence. La recherche des plaisirs se fera aussi diversifiée que possible, et il appartiendra à la conscience d'en jouir pleinement, en se rendant plus intense afin de mieux l'éprouver encore. La conscience du plaisir, cultivée et amplifiée, donne consistance au bonheur. Elle le fixe dans une mémoire qui sera précieuse pour les jours de tristesse : elle aidera à les vivre en les relativisant.

Du monde à soi, cette capacité de jouissance s'accomplit par une sorte de sagesse du meilleur, qui use au mieux de circonstances qui ne sont pas choisies.

La distance à l'égard des rôles sociaux est une condition de liberté intérieure, et de lucidité. « Le maire et Montaigne ont toujours été deux, d'une séparation bien claire » (*Essais*, III, X). Le sérieux de la fonction ne peut déteindre sur l'être intime, sauf aliénation et esprit de sérieux qui tue la distance à soi et l'humour salutaire.

« C'est une absolue perfection, et comme divine, de savoir jouir loyalement de son être » (dernier chapitre des Essais). Ainsi libérée, assumée, l'allégresse de vivre se cultive en toutes circonstances. « Quand je danse, je danse ; quand je dors, je dors ; et quand je me promène solitairement en un beau verger, si mes pensées se sont entretenues des occurrences étrangères quelque partie du temps, quelque autre partie je les ramène à la promenade, au verger, à la douceur de cette solitude, et à moi » (III, XIII).

Jouir de soi

Rousseau décrit le moment de retour à soi, où la vie fait en quelque sorte l'ascèse d'elle-même, pour s'éprouver comme telle. Mise à distance, retraite, valent en un sens délivrance, mais aussi remontée à la source. Le « précieux farniente » n'est pas inaction, mais loisir, au sens essentiel de libre activité. Ce loisir peut être rêverie, observation des fleurs et des roches, contemplation de la nature, comme le rappelle la cinquième promenade du rêveur solitaire. Rousseau y décrit cette situation de ravissement et de retour apaisé à soi, de solitude salutaire : « De quoi jouit-on dans une pareille situation ? De rien d'extérieur à soi, de rien sinon de soi-même et de sa propre existence ; tant que cet état dure, on se suffit à soi-même, comme Dieu.

Le sentiment de l'existence dépouillé de toute autre affection est par lui-même un sentiment précieux de contentement et de paix... » (Cinquième Promenade).

Cette vie intérieure a certes des limites : elle ne change pas le monde, mais le rapport au monde, et supplée chaque fois qu'il le faut à sa carence. On le sait bien, surtout lorsque le présent semble accablant : la pensée de l'avenir a un goût de délivrance. Elle nous fait disposer d'autre chose, et l'espoir résiste malgré tout. L'ouverture des possibles nourrit le goût de vivre, à la façon d'un savoir secret auquel il est bon de revenir, souvent. C'est ainsi un bon usage du temps qui se profile dans le mouvement de la conscience.

L'expérience de la solitude et le goût qu'elle prend à l'écart de la fureur du monde ont valeur de témoignage. Elles sont la révélation privilégiée de la liberté humaine. Je sens que je ne suis pas machine, et qu'il dépend de moi de vagabonder dans mes pensées, dans ma vie intérieure. Intuition forte, comme celle du fameux cogito de Descartes, où l'existence s'éprouve elle-même par et dans la pensée. Dès que s'établit un rapport à soi sincère, authentique, délivré des opacités du monde social et de la logique du paraître, cette liberté s'atteste comme une intuition saisie en toute transparence. Et la joie d'une telle intuition, même silencieuse, participe du goût de vivre. Je vis, je n'en peux douter, et une telle vie n'est pas quelconque. Elle dispose d'elle-même, au moins dans cette légèreté de la pensée intérieure, cette aptitude au mouvement qui voyage de la mémoire à l'imagination, de l'attention à la méditation déliée. La promenade solitaire, quelque mélancolique qu'elle soit quand elle se fait écho de tristesses insistantes, est une expérience de liberté. On ne se ment pas à soi-même, et il y a dans cet avènement comme un acte de foi, de cette bonne foi qui regarde en face et ne cherche pas à fuir. Pour Rousseau, comme pour Descartes ou Sartre, l'homme ne peut en fin de compte se définir que par la liberté. Liberté d'agir, de se faire, qui accomplit la liberté de penser tout en se fondant sur elle. La liberté est de l'ordre de l'être, non de l'avoir, et c'est ici le lien entre la liberté et le bonheur qui s'énonce sans entrave. Heureux l'homme qui découvre que pour l'essentiel il ne dépend que de lui-même, et s'apparente en ce sens à Dieu. Épicure déjà soulignait cet idéal de l'autosuffisance, de l'autarcie, à entendre non comme repli égoïste, mais comme libre disposition de soi. Le sage libre et indépendant peut d'autant plus vivre sa vie sociale et cultiver l'amitié, la fameuse *philia* des Grecs, qu'il est en situation de le faire de façon désintéressée. Le jeu de l'enfance revient quand l'être est libre et jouit au mieux de son indépendance.

Je pense donc je suis

De l'enfance on ne retient pas que l'éveil attentif au spectacle des choses, et leur découverte poétique. On tend aussi à garder cette crédulité qui en est l'envers. Le témoignage des sens ne trompe pas, lorsqu'il est compris comme tel. Mais en amont de l'âge de raison, il s'assujettit les pensées. À partir des croyances et des fascinations, des peurs et des magies premières, se forme alors une sorte d'imaginaire où les préjugés prennent source. Les sentiments se projettent dans les choses au point de les annexer à leur vie propre, et de les perdre pour un temps dans la vie subjective. Ce manque de distance est comme la préhistoire de la pensée. Celle-ci n'est pas encore advenue à elle-même. « Comme nous avons été enfants avant que d'être hommes, et que nous avons jugé tantôt bien et tantôt mal des choses qui se sont présentées à nos sens lorsque nous n'avions pas encore l'usage entier de notre raison, plusieurs jugements ainsi précipités nous empêchent de parvenir à la connaissance de la vérité… » La remarque de Descartes, dans les *Principes de la philosophie*, n'a rien d'anodin. Une épreuve décisive ébranlera cependant le monde de l'enfance.

Il suffit qu'un jour, sur un point, une croyance admise ou une opinion reçue soient prises en défaut et contredites pour que le doute s'installe, et gagne de proche en proche toute la conscience. Si on m'a trompé sur ce point, ne m'a-t-on pas trompé sur d'autres ? Question lancinante, voir angoissante, qui fait retour chaque fois que l'expérience vécue semble brouiller tout repère. La première déception est celle de l'incompréhension quand s'effondre ce qu'on prenait pour une évidence. Doit-on désespérer de la vérité, et avec elle de tout ce qui permet de s'orienter avec certitude ? Comment agir, comment être heureux, si la confiance est rompue, et que l'on se sent à la merci du témoignage inconstant d'une expérience déconcertante, sans logique apparente ? Shakespeare évoque le sentiment d'absurdité de Macbeth, empêtré dans une histoire aussi violente que surprenante, qui fait chavirer toute persévérance, et met en échec tout courage : « Une histoire dite par un idiot, pleine de fureur et de bruit, et qui ne signifie rien » (*La Tragédie de Macbeth*, acte V, scène 5).

Le doute existentiel annonce une sorte de vertige. De l'univers fissuré là où tout semblait solide à la menace d'un monde totalement faussé, fruit d'un malin génie qui rend le mensonge aussi quotidien qu'imprévisible, il n'y a qu'un pas. Il faut dès lors prendre les devants, ne plus subir le doute, mais le manier volontairement comme une arme de libération intérieure. Et chercher un point d'appui, ferme celui-là. La recherche est vitale : elle commande la lucidité, cette lumière de l'action autant que de la connaissance. Liberté et volonté de vérité ont partie liée, dans le trajet qui va de la naïveté de naguère à la défiance d'aujourd'hui, puis à la reconstruction de demain. Tout révoquer en doute, c'est découvrir quelque chose qui n'existe pas comme un simple objet. Qui peut ainsi douter, sinon un être capable de distance, à même de se dégager des images qui se présentent à lui ? Bref, qui peut douter si radicalement, sinon un être libre, qui éprouve cette liberté comme une sorte de désengagement par rapport à la pression du monde ? Il faut pour cela une activité intérieure, vie de la conscience, ou si l'on veut de l'âme, pour appeler ainsi ce qui rend possible la réflexion émancipée. Face à l'absolu des illusions trompeuses, l'homme fait retour à soi, et il se saisit, avec une sorte d'émerveillement, comme un esprit libre. Au monde trompeur ou énigmatique d'où pouvaient naître peur et désarroi se substitue le champ ouvert d'une expérience à éclairer. Le doute, universel, ne devait rien laisser en dehors de lui, afin que l'épreuve soit réellement décisive, et que nulle objection ne vienne ensuite assombrir la reconstruction sur de nouveaux fondements. Le doute méthodique est comme un détour obligé pour libérer la conscience de tout ce qui pèse sur elle, s'impose à elle au titre de la simple habitude, l'engage sans qu'elle soit vraiment maîtresse de son adhésion ou de son refus.

Le principe de cette pensée libre, que Descartes appelle l'« âme », prend donc les rênes de la vie, et s'efforce de la conduire. Il faut oser la vérité, même lorsqu'elle dérange. La joie d'artifice qui accompagne l'illusion plus ou moins consciemment consentie est teintée d'amertume. Le contentement qui vient de la recherche intransigeante du vrai est autrement plus véridique, et surtout plus durable. Évitons les fêtes amères.

Cinquième leçon

Le goût du monde

L'oiseau du printemps

L'hirondelle a tracé un chemin familier dans le ciel, et son vol réinvente la lumière du matin. Une hirondelle seule, libre et fragile, qui se fera mémoire du printemps quand les senteurs de la terre auront donné raison à la vie nouvelle. L'air vibre avec douceur, les feuilles réunies dans le vent frémissent, et le paysage matinal se met à respirer dans une musique de murmures. Attentive et vaguement émue d'être ainsi présente à la beauté des choses, la conscience a pris la mesure de l'instant qui la comble. La joie est là, toute simple, comme ce paysage qui émerveille le premier regard. Il fera bon sortir, et partager l'offrande du monde. Il fera bon goûter les rencontres, et se faire complice de chacun et de tous. La pierre tiède, les fleurs graciles dont la tige s'incline sous la brise, la mer encore assoupie dans ses reflets immobiles accueillent l'attente et s'y font rêve éveillé. Le regard s'enlace à la forme. Il s'en laisse bercer, alanguir, apaiser. Tout le paysage s'immobilise, dans la mémoire des derniers mouvements, des derniers tourments. On se prend à regarder sans voir, à voir sans regarder. Repos de l'attention et repos du visage. Les traits sont détendus. Le monde est là, sans pourquoi. Et la présence des êtres s'y déploie, silencieuse, à l'écart des aventures qui ne manqueront pas de surgir. Est-ce le printemps déjà, que le sillage de l'hirondelle a esquissé ? Un seul instant de joie ne fait pas le bonheur, et le paysage va entrer dans sa propre histoire. Vivre. Cela s'éprouve tout simplement, à la façon d'une célébration muette du soleil et du vent, des formes qui s'exaltent dans la lumière toute neuve. Le goût des choses et des êtres se donne comme un premier parfum, une respiration nouvelle.

Un monde à vivre

Les villes se réveillent, l'horizon s'emplit de rumeurs, les visages s'animent de mots. Vivre. Ici l'enfant pleure d'une petite blessure solitaire, et il appelle en vain. Là une ruine à nouveau bombardée engloutit les hommes qui y avaient cherché refuge. Qui dira la détresse de la vie défaite, du regard sans écho, de l'amour qui se brise et du visage qui se tord sous la douleur soudaine ? L'espérance indéfinie se décompose. Rires et pleurs mêlés. Souffrances inattendues, plaisirs brouillés d'une mémoire des blessures. Vivre. Quand les années ont passé, on recherche le goût d'antan, le monde d'hier, sous les couleurs pâlies. Étrange paysage, que l'on reconnaît pourtant sous ses échos mélancoliques.

Le poète a-t-il raison, qui fait appel du lot commun des hommes ? Paul Éluard : « Il ne faut pas de tout pour faire un monde. Il faut du bonheur et rien d'autre. » On hésite devant ce vœu, qui ressemble à une alternative trop simple. Le bonheur et rien d'autre. Bien sûr. Mais peut-on penser la joie sans la souffrance, l'éternité instantanée de l'extase sans la peine du déchirement ?

Une hirondelle n'était pas le printemps. Mais elle signait la promesse d'un monde à vivre. L'homme s'affranchit de ses limites dans le moment d'amour, ou d'amitié, ou encore de poésie, et cette expérience d'éternité n'a rien de dérisoire. Bonheur. Un seul instant de bonheur ne fait pas tout le bonheur, car la conscience est hantée déjà de son histoire, de son passé insistant, de son incertitude. Elle scrute l'univers avec inquiétude. Mais faut-il pour autant se placer dans l'ombre portée de la mort, de son au-delà supposé, des arrière-mondes où se codifie la haine de soi et de la vie ?

Certes, les premières souffrances ont brouillé l'accueil sans malice des paysages et des émotions, cette perception pleine et nue qui est propre à l'enfance. Certes, les douleurs passées, les espérances un jour frustrées, les scènes blessantes ont déchiré la confiance native du regard. Et le doute est venu, qui a noyé un temps la joie pure de découvrir. Infirmité du présent blessé de crainte et hanté d'images noires.

L'humanité est vieille, et le temps douloureux s'est enfoncé dans les choses. Nos paysages nous rappellent les regards qui les ont tant aimés, les détresses qui en firent leurs horizons, les giclées de sang qui ont déchiré la transparence de l'air. Leur silence est trop lourd des gémissements oubliés pour ne pas leur faire écho à sa façon, en une sorte de rumeur secrète et de voix brisée.

L'oiseau du soir

L'enfance est révolue, et déjà commence un lent travail de mémoire, qui fait mal. Dans la lumière du jeu primordial le pari du bonheur a pris l'âge des souffrances. Il faudra bien se souvenir de l'aventure, et en faire expérience.

L'hirondelle a disparu, et le soir tombe au-delà du premier jour. Un autre oiseau va occuper le ciel, et discerner dans l'ombre les formes apaisées du paysage. Les visages sont marqués, la conscience est lasse. Elle ne sait plus. L'oiseau de nuit scrute les choses finies, les débris qui jonchent le sol, les souvenirs dérisoires de la fête, les traces du malheur. La lumière du matin blessait les yeux, et le soleil avivait les blessures. Quand la nuit noircira toute forme, quand le silence estompera les mots, quand le ciel sombrera sur la terre, il n'y aura plus rien à voir. Il faudra travailler sur des souvenirs, s'attacher aux images indécises, donner vie aux échos intérieurs. La pensée réinventera le monde et les choses.

Un battement d'ailes froisse la nuit. Un oiseau de sagesse est venu, qui fait retour sur la vie, et l'éclaire à sa façon. La chouette de Minerve, déesse du savoir lucide, esquisse une aventure nouvelle de la conscience. La voilà déliée soudain des passions diurnes, habitée seulement par cette mélancolie qui contemple le théâtre désert : décors fanés, masques oubliés, fumées vaguement dissipées en brumes incertaines, où s'effacent les contours des choses. Penser. La vie est là, décantée dans les images retenues, les mots figés sur les lèvres. Il est temps de rapprocher les émotions éparses, les observations disjointes, les épreuves muettes.

On rassemble alors ses pensées, comme des fleurs cueillies et que gagne la soif. Penser, pour que la mémoire ne soit plus seulement l'angoissante rhapsodie des souvenirs où les souffrances subies et les plaisirs vécus se succèdent sans rime ni raison. Une autre joie va poindre, celle de comprendre. Il est de l'homme de redoubler sa vie première, pour la méditer. Demain, il faudra vivre à nouveau, quand la nuit aura hébergé la conscience désemparée pour la sauver, quand l'espoir aura quitté le lit du hasard. Il n'y aura plus la même attente, ni la même souffrance à la première déception. Le temps aura pris une nouvelle dimension. La patience de vivre assumera les maux et les jouissances. L'énigme du bonheur oscillera entre le consentement apaisé à ce qui est et le rêve du possible. Le sens de l'idéal ne sera pas noyé dans la souffrance endurée, et cette patience neuve donnera confiance au risque de vivre. Il faudra oser jouir du monde. Et cette audace redécouvrira l'enfance des plaisirs, par-delà les tourments et les lassitudes. Jouir du monde, et de soi. Le bonheur est un travail.

Deux oiseaux scandent la mémoire. L'oiseau du printemps disait l'envol de la vie jaillissante et joyeuse. L'oiseau de nuit prend la mesure de ce qui fut, et donne sa chance à la pensée apaisée, qui surmonte les hantises de la mort.

Gloire et rebut de l'univers…

Pascal : « Quelle chimère est-ce donc que l'homme ? Quelle nouveauté, quel monstre, quel chaos, quel sujet de contradiction, quel prodige ! Juge de toutes choses, imbécile ver de terre ; dépositaire du vrai, cloaque d'incertitude et d'erreur ; gloire et rebut de l'Univers. » On ne peut mieux dire l'ambivalence de la situation de l'homme dans le monde, sa force et sa fragilité, la dérision de certaines de ses prétentions, et la grandeur de ce qu'il peut faire. Cela signifie-t-il que l'aventure humaine ne peut s'assortir d'aucune véritable félicité ? Pour Pascal, comme pour Augustin, le *mundus* est marqué par la faute originelle d'une humanité orgueilleuse qui a présumé de son pouvoir, et défié Dieu en transgressant son interdit. Cueillir le fruit défendu, dans le cadre d'une existence presque parfaite, qui ne connaît ni la mort ni le travail pénible, ni les diverses formes de souffrance, c'était d'emblée refuser ce qui est octroyé, mais assorti d'une condition. Cette liberté se paye cher. Lieu de souffrance et de rédemption, le monde terrestre n'en finit pas de déployer les travers de l'humaine nature, pourtant faite à l'image de Dieu. Est-il possible, dès lors, d'y goûter un parfait bonheur ? L'image religieuse de la félicité éternelle, qui n'est accessible qu'hors monde, et « à la fin des temps », conduit à en douter. Le temps est le chiffre de la finitude, et toute chose humaine, ou naturelle, est vouée au néant. Quevedo :

> « De que sirve presumir,
> rosa, de buen parecer,
> si aun no acabas de nacer
> cuando empiezas a morir ? »
>
> *(À quoi sert tant de présomption,*
> *Rose, pour avoir belle apparence,*
> *Puisqu'à peine née*
> *Tu commences déjà à mourir ?)*

Pascal s'attache à dénoncer sous le terme de *divertissement* le jeu du monde humain et ses passions, forcément vaines au regard de l'éternité. « Le dernier acte est sanglant, quelque belle que soit la comédie en tout le reste : on jette enfin de la terre sur la tête, et en voilà pour jamais. » Se divertir, c'est, selon l'étymologie, se détourner de quelque chose. Pour n'y plus penser, et s'occuper d'autre chose. Qu'est-ce que la clameur du monde, où les hommes mêlent leurs cris et leurs jubilations ? Une fuite, un sauve-qui-peut pitoyable de la conscience secrètement atterrée par la mort prochaine. Le vertige du non-sens, la perspective du néant ou d'un « dieu irrité » ont quelque chose d'insupportable, et les hommes s'efforcent d'en congédier l'angoisse. « Aussi les hommes qui sentent naturellement leur condition n'évitent rien tant que le repos : il n'y a rien qu'ils ne fassent pour chercher le trouble » (*Pensées*, 139). Conduite dérisoire, car les questions lancinantes reviennent et insistent. Pourquoi ici plutôt qu'ailleurs ? Pourquoi aujourd'hui plutôt qu'hier ? Pourquoi construire ce qui demain sera détruit ? D'où venons-nous, où allons-nous ? Si la nature est un jeu de néant et de chaos, quel sens a l'aventure qui prend sa source en elle pour devoir s'y perdre bientôt ? Si quelque Dieu nous a fait naître, pourquoi laisse-t-il le mal se partager le monde avec le bien ? Que fera-t-il de nous à notre mort ? Nul ne peut éviter le vertige de ces questions. « Le roi est environné de gens qui ne pensent qu'à divertir le roi, et l'empêcher de penser à lui. Car il est malheureux, tout roi qu'il est, s'il y pense » (*ibid.*). Se détourner de notre condition réelle, et n'y plus penser. Divertissement mondain. Toute notre dignité, dit aussi Pascal, est dans la pensée. Et celle-ci devrait s'attacher à prendre la mesure de notre condition, pour se consacrer enfin à l'essentiel, qui est ailleurs. L'apologie de la religion débouche sur une éthique de l'exil. « Divertissement. Les hommes n'ayant pu guérir la mort, la misère, l'ignorance, ils se sont avisés, pour se rendre heureux, de n'y point penser » (*Pensées*, 168). Le diagnostic est étrange, qui ne veut retenir que la souffrance multiforme, fatalisée au passage. La misère et l'ignorance, qui n'ont rien de fatal, peuvent-elles avoir le même statut que la mort ? Et cette dernière doit-elle porter son ombre sur toute chose ? Une éthique du bonheur terrestre, sans oublier la condition humaine, permet de faire appel d'un tel désespoir.

La revanche de Sisyphe

C'est le désir d'éternité qui fait paraître absurde toute chose vouée à la disparition. Mais d'un tel désir il y a deux versions très différentes. La première met en jeu la nostalgie d'un paradis éternel, que l'homme aurait perdu par sa propre faute. Elle a pour conséquence de dévaloriser radicalement l'aventure humaine. La seconde recouvre la volonté, propre à toute action persévérante, de faire les choses aussi parfaitement que possible, comme si elles étaient destinées à durer toujours. Elle ne se méprend pas sur son sens, en oubliant la finitude, mais elle donne tout son prix à l'existence terrestre en refusant de la confronter à un arrière-monde imaginaire. À l'encontre de la première version, elle accorde une attention plus bienveillante à la beauté du monde et de l'aventure. Chacune des deux versions du désir d'éternité peut avoir sa valeur, notamment lorsqu'il s'agit de libérer la conscience des deux illusions qui la guettent : rester aveugle aux souffrances et aux limites de l'existence donnée, ou méconnaître la grandeur de l'aventure humaine.

Sisyphe, c'est avant tout le héros de l'aventure humaine assumée, affirmée, y compris en bravant les dieux. Homère rapporte le supplice qui lui est infligé par les dieux (*Odyssée*, livre XI) : il doit rouler sans cesse un rocher jusqu'au sommet d'une montagne d'où son seul poids le fait dévaler la pente pour les affres d'une nouvelle ascension. Ce supplice est l'image même de la pire des conditions : celle d'une tâche rigoureusement inutile, sans espérance aucune qui puisse la justifier. Albert Camus, dans *Le Mythe de Sisyphe*, rapporte que Sisyphe aimait la vie, au point d'avoir enchaîné la mort. Il raconte également que Sisyphe, après sa mort, obtient l'autorisation de revenir sur terre pour châtier sa femme, dont l'amour, mis à l'épreuve, n'avait pas su réserver au corps de son mari une sépulture digne… « Mais quand il eut de nouveau revu le visage de ce monde, goûté l'eau et le soleil, les pierres chaudes et la mer, il ne voulut plus retourner dans l'ombre infernale. Les rappels, les colères et les avertissements n'y firent rien. Bien des années encore, il vécut devant la courbe du golfe, la mer éclatante et les sourires de la terre. Il fallut un arrêt des dieux. Mercure vint saisir l'audacieux au collet et, l'ôtant à ses joies, le ramena de force aux enfers où son rocher était tout prêt. » Bref, l'amour de la vie, de cette vie, semble plus fort que tout, y compris que la crainte d'un châtiment insensé. Avec ce châtiment, c'est alors la vie elle-même qui devient une épreuve. Et pourtant, Sisyphe là encore retourne la situation. De ce trajet sans cesse recommencé, sous un ciel ingrat et désert, l'homme abandonné va faire le moyen de s'affirmer. Si le sens n'est pas déjà donné – une telle vie est d'emblée absurde –, c'est à lui qu'il appartient de le faire advenir, et cette liberté première vaut tous les présents du ciel. L'homme fragile, mortel, condamné à la répétition des tâches, s'installe dans son monde. Il y remarque la beauté des pierres et la douceur de la lumière, il s'enivre des senteurs de la mer, il se prête à la bienveillance du soleil. Bref, le bonheur de vivre se fait récompense indépassable de sa patience. La lucidité du désespoir trouve ici son issue, comme de la nuit polaire surgit une flamme vaillante au vent. Camus le dit avec force. « Je tire ainsi de l'absurde trois conséquences qui sont ma révolte, ma liberté et ma passion. Par le seul jeu de la conscience, je transforme en règle de vie ce qui était invitation à la mort – et je refuse le suicide… »

La poésie des choses

Le courage de vivre a une dimension à la fois métaphysique et poétique. Il est celui du grand oui à la vie. Un oui sans condition ni marchandage, sans ressentiment ni dégoût. Oui, le monde est beau et tragique – et nous avons à y vivre le temps, douleur et joie mêlées. La poésie s'y affranchit des adhérences et des rancœurs. Comme le jeu, comme la danse, comme l'esprit et la raison qui méditent, comme la musique où la conscience fait retour à soi, elle délivre des enlisements.

Elle est là, corolle frêle et couleur gratuite, sculptée dans la forme nette de ses rondeurs. Une rose, insolente de naïveté, qui ne dit rien, que rien n'agite. Qui est là, simplement, et se contente de sa pure présence. C'est ainsi. La rose n'a ni rime ni raison. Et l'enfant qui s'étonne que les choses soient comme elles sont ouvre tout grands les yeux. Le spectacle du monde n'a pas de véritables acteurs. Les choses ne jouent pas à être. Elles sont. Évidentes, et l'on prend plaisir à les voir, à les sentir, à les toucher – ou tout simplement à se tenir devant elles. « Le ciel est par-dessus le toit, si bleu, si calme. » Verlaine se souvient d'un paysage familier, auquel il ne prêtait pas attention. Le poète fait retour à une présence fidèle, devenue presque secrète, celle d'une demeure aux dimensions de l'horizon. Cette présence est comme un don permanent, et ce don n'est adressé à personne. Le scénario secret des causes naturelles l'a engendrée, sans qu'on y prenne garde. Les pétales sont là, fragiles et tendres, à peine figés. Bientôt, doucement agités par le tressaillement de la tige qui les porte, ils inscriront leurs volutes dans le souffle de l'air. Une danse presque immobile, où le regard s'attarde comme dans un rêve indéfini. On respire l'évidence des choses et leur beauté première, qui n'est d'aucun temps. Présence sans hier ni lendemain. Qui dira l'âge d'une fleur ? « Et rose elle a vécu ce que vivent les roses : l'espace d'un matin. » La consolation de Ronsard projette le temps humain sur la corolle fanée. Et ce n'est plus de la fleur, éternelle en son offrande instantanée, qu'il parle. La rose n'est plus. Souvenir évanoui dans la mélancolie de restes épars.

La beauté complice

Il faut jouir des choses. Tant de fleurs ont porté les méandres de l'âme, le désir de dire et d'offrir, le mouvement secret de la tendresse ! Kant dit de la nature qu'elle semble parfois imiter l'art. L'équilibre d'un paysage fait penser qu'il relève d'une géométrie secrète. Le tracé de l'horizon à l'aurore, ligne de partage entre nuit et soleil, semble réaliser quelque scénario magique. Le chant d'un oiseau se donne comme une mélodie sans effort, comme si la musique était un langage naturel. Jouir des choses, c'est se laisser prendre par leur simple présence, mais aussi remonter à la beauté dont elles témoignent. Entre l'intelligence et la sensibilité se noue alors une complicité secrète, l'une jouant avec l'autre librement : nos facultés ordinairement distinguées dans leurs tâches se découvrent une harmonie secrète, et leur jeu transfigure le monde. Kant s'attarde, émerveillé, devant ce « libre jeu des facultés » qui fait la quintessence de l'art. Cet art qui délie l'homme de toute conscience captive, de toute volonté de posséder, dont on est si souvent possédé soi-même. Cet art, en somme, qui prépare au pur amour, et se fait promesse de liberté. « De la beauté comme symbole de la moralité »… Kant insiste sur le passage que permet la contemplation artistique de l'attrait sensible à l'action pleinement désintéressée. La beauté libre des œuvres forme une mémoire sensible de la liberté, qui se cultive en chacun comme une certaine façon de regarder le monde, d'en habiter le musée vivant. Et elle fait éprouver que l'humanité de l'homme, plus que toute chose, est bien une fin à respecter, car elle condense en elle l'inestimable présence de l'être libre par excellence.

Comme toute conscience enrichie par une expérience nouvelle, cette façon inédite de s'attacher au spectacle du monde est source de bonheur. C'est en ce sens que Platon nous apprend à saisir les beautés sensibles comme si elles attestaient la présence vivante d'un idéal. Il n'y a pas de cercle parfait dans la nature, mais le rond de la lune, enserrant des reliefs de blancheur dans un halo de bleu céleste, suggère la beauté de sa forme. On se prend à déchiffrer le paysage pour y découvrir la richesse des formes qu'il héberge. Et chaque fois le regard parti à la découverte des choses rencontre l'idéal qui en est la lumière intérieure. Platon, toujours, décrit le délire poétique dont l'âme est envahie à la vue de ce qui porte au-delà de soi. Évoquant le dialogue de Platon intitulé *Phèdre*, Thomas Mann comprend le bonheur de l'écrivain dans le sillage d'une telle expérience de la beauté. Celle-ci donne accès à la pensée par la médiation du sensible, et célèbre en même temps le sensible comme expression de l'idée : « Socrate instruisait son disciple

Phaidros sur le désir et la vertu. Il lui parlait de la vague émotion qui surprend l'homme sensible quand ses yeux aperçoivent un symbole de l'éternelle beauté… La pensée qui peut, tout entière, devenir sentiment, le sentiment qui tout entier peut devenir pensée, font le bonheur de l'écrivain. L'idée envahissant le cœur, le sentiment monté au cerveau, qui appartenaient et obéissaient à ce moment-là au rêveur solitaire, étaient tels : il savait, il sentait que la nature frissonne de délices quand l'esprit s'incline en vassal devant la beauté… » (*La Mort à Venise*, chapitre 4).

Cette complicité du spectacle du monde et du ciel des idées parfaites opère à l'évidence par l'aventure du regard charnel, quand la conscience humaine sollicite les choses non pour les utiliser, mais pour les contempler comme telles. Poésie. Il n'y a plus dès lors à opposer la sensibilité et l'intelligence, mais à vivre l'émotion de la chair comme une attention spontanée à l'ambiance d'un monde qui est devenu séjour familier. Démocrite parlait de l'enthousiasme poétique comme d'un don des dieux, d'un délire salutaire que les muses inspirent aux hommes pour que les mots de tous les jours se chargent d'une beauté qui dépasse toute chose, mais se laisse deviner en elles.

Il y a donc un vrai bonheur à contempler le monde comme une demeure de l'idéal, disséminé d'abord dans les choses éparses. Pourtant, les atrocités, les souffrances, les injustices semblent tourner en dérision une telle approche. Mais on leur octroie une seconde victoire, la plus dévastatrice, si on les invoque pour oublier l'idéal dont elles sont la destruction. « Regardez travailler les bâtisseurs de ruines… » Cette parole de Paul Éluard ne compromet pas l'hymne radieux que sa poésie consacre à l'amour, à la beauté des choses, au chant du monde. Le discours qui confond réalisme et résignation est la plus grande tristesse qui soit. Il oublie la fermeté d'âme des stoïciens, uniquement destinée à fortifier la liberté intérieure, celle qui justement ne se laisse pas gagner par la misère du monde comme il va, et la surplombe, celle qui reste ouverte à la beauté des choses par-delà les folies qui calcinèrent le paysage et firent hurler l'enfant.

Réminiscence. On reconnaît le bel objet, comme si on l'avait déjà vu dans une vie antérieure, ou tout simplement dans ce musée imaginaire que l'on organise en soi. Ainsi, sans y prendre garde, on détenait des richesses insoupçonnées.

> « Là tout n'est qu'ordre et beauté,
> Luxe, calme et volupté. »

D'un tel monde, beau et tragique pourtant, on ne peut seulement user, en s'obstinant à y voir, comme le christianisme le plus pessimiste, un lieu de chute et de déchéance. Du point de vue du croyant lui-même, ce serait oublier Dieu dans son œuvre. Quant à l'athée, ce serait pour lui oublier l'homme, tout simplement, et s'enliser dans le nihilisme.

Jouir des choses et du monde, dans la conscience de leur précarité, c'est assumer à la fois le tragique de notre finitude et la capacité de jouissance absolue. La gorgée d'absolu se réitère à chaque plaisir intense, qui se suffit à lui-même, et tisse la sensibilité de l'être. Confiance. L'homme n'est pas une passion inutile, mais cet être inédit qui invente le sens au-delà de ses balbutiements, et sait ménager les chances du bonheur entre les errances de son histoire.

Sixième leçon

Le goût de l'autre

Le partage

La relation à autrui est d'abord ambiguë, susceptible de se développer dans des directions différentes, d'hostilité ou de méfiance, comme de sympathie et de confiance. L'altérité de l'autre – le fait que justement il soit différent de moi –, ne rend pas aisée sa rencontre, ni même la relation suivie qu'on appelle amitié ou amour. D'où l'idée que la *philia*, la bienveillance mutuelle, se conquiert et se construit, bien au-delà du premier mouvement d'attirance. À l'horizon peut se gagner un bonheur qui signe en chaque homme le goût de l'autre, sa vocation à s'épanouir dans le lien, dans l'union, sans se départir de sa liberté. Autrui, tôt ou tard, m'aide à réaliser des choses que je ne savais pas à ma portée. Le bonheur des rencontres est une secrète promesse. Penser le lien qui peut et doit unir les hommes, c'est comprendre cette relation primordiale à l'autre, source évidente d'ouverture, de lucidité accrue, de joie multipliée, mais aussi de souffrance quand surgit l'incompréhension. Le goût de l'autre est aussi un risque, qu'assume la décision de vivre.

Dans son roman *Vendredi ou les limbes du Pacifique,* Michel Tournier dépeint les tourments du « monde sans autrui ». Robinson le solitaire a beau maîtriser son île, en avoir fait un lieu de séjour confortable, il ne peut vivre pleinement sans la présence d'un autre être humain. Il s'étiole, délire, s'accouple avec une mandragore, multiplie les expériences imaginaires. Bref, l'humanité s'éprouve en lui par cela même qui lui fait défaut, fondamentalement : la présence de l'autre. Incomplétude intérieure, qui renvoie au paysage du manque, voire de l'ennui. Ce golfe irisé au loin, où la dernière vague a répété sa courbe lunaire, avec qui en partager la vision ? Que faire de la beauté du monde, si l'on ne peut en prendre personne à témoin ? Personne… Le mot est étrange, qui dit à la fois l'absence radicale et la présence d'un être unique.

La solitude peut bien permettre le rapport à soi, et la jouissance apaisée du sentiment de l'existence. Seul, on l'est toujours, de toute façon, dans les grands choix qui engagent la vie, car alors on ne peut déléguer à personne le soin de la décision. Mais la solitude subie devient une passion triste, sauf si on apprend à la vivre en faisant usage des choses dont on dispose, selon le conseil des stoïciens. Encore est-ce une sorte d'attente que l'on organise, car on ne la choisit pas librement. Les voyages imaginaires de la littérature, dont Proust dit qu'elle est « la vraie vie », sont alors précieux, comme tout spectacle qui délivre la conscience de sa tristesse. Là encore, en cas de solitude forcée, on se prend à espérer des jours meilleurs, à souhaiter que « la roue tourne », et l'on se donne un monde humain par voie imaginaire. De fait, la solitude est d'autant mieux vécue qu'elle est une sorte de parenthèse dans l'aventure commune.

Philia

Vivre, c'est aussi vivre avec l'autre, avec les autres. Et il n'est d'humanité que par le rapport des hommes entre eux. L'homme est « l'ami de l'homme » – « philanthrope », dit Aristote dans son *Éthique à Nicomaque* (1155a) : « Même au cours de nos voyages au loin, nous pouvons constater à quel point l'homme ressent toujours de l'amitié et de l'affinité pour l'homme. »

La pensée grecque inventa un beau mot, celui de « cité » (*polis*), pour désigner la communauté humaine qui se forme lorsqu'il s'agit d'organiser ensemble les conditions de la survie, en assumant de façon collective les besoins de chacun. Mais ce « vivre ensemble » ne se réduit pas à la satisfaction des besoins vitaux. Il donne occasion à l'humanité de s'accomplir en chacun, de s'éprouver elle-même comme une valeur. Selon Aristote, il permet aux hommes non seulement de survivre, mais aussi de bien vivre, en s'élevant au meilleur d'eux-mêmes. C'est qu'il rend possible la réalisation effective de ce qu'ils sont, par excellence : des êtres pensants, destinés à vivre ensemble et à dialoguer, voués au grand partage d'une expérience multiforme et des savoirs qui l'éclairent. Dans cette aventure commune, ils se découvrent comme mutuellement essentiels. Un autre mot dit alors la vocation heureuse à cette vie commune : *philia*. *Philia*, c'est d'abord le fait même de la relation à l'autre, qu'elle soit amicale, amoureuse, ou d'intérêt réciproque bien compris. Son « utilité » ne la disqualifie pas, du moins dans une conception qui ne sépare pas l'éthique de la vie sociale et politique. Bien comprise, elle s'affirme dans les valeurs d'entraide et de solidarité, que les stoïciens rattachaient à une *philia* universelle. Cette *philia* est bienveillance mutuelle. Dans les visions antiques du cosmos, elle est ce qui tient ensemble les êtres vivants, et tout particulièrement les hommes.

Homère : « Quand deux hommes s'en vont et cheminent ensemble, il en est un du moins qui voit le bon parti, si l'autre ne voit rien. Étant seul, il se peut aussi qu'on s'en avise, mais la vue est plus courte, et moindre la prudence » (*Iliade*, X, 224). La vue ainsi décuplée, c'est ce gain de sagesse que rend possible la communication des consciences. Pour Aristote, elle manifeste un partage essentiel pour des êtres humains : celui de la pensée, comprise dans sa richesse multiforme, et présente dans tout ce qui peut l'exprimer : émotions communes, rires complices, dialogues sans limites, simples silences qui rendent sensible le plaisir d'être ensemble. Penseur de la *philia* comme relation objective entre les êtres, Aristote l'est aussi du sentiment et de l'émotion agréables qui la traduisent de façon sensible. Le théâtre tragique est révélateur : la souffrance des spectateurs, par identification au héros, est un témoignage du sentiment d'amour pour l'humanité. Rousseau, plus tard, dira que la répugnance naturelle à voir souffrir un autre homme exprime le transfert à autrui de l'instinct de vie qui sous-tend « l'amour de soi ». C'est la *pitié* au sens noble. Et celle-ci entre en réciprocité avec le « bon égoïsme », celui qui pousse un être à s'élever au meilleur de lui-même. Souci de soi et souci de l'autre ne sont pas seulement symétriques : ils révèlent que l'humanité se prend elle-même pour fin aussi bien dans l'instinct de conservation personnelle que dans la solidarité naturelle à l'égard de toute personne. Ainsi se reconnaissent et s'accomplissent de concert l'ego et l'alter ego.

Bonheur d'amitié

Il y a mieux, et plus, dans l'amitié la plus haute. Unissant des hommes par ce qui signe en eux la forme la plus accomplie de l'humanité, elle est inestimable. Librement, de façon déliée par rapport à tout intérêt, les amis s'aiment avant tout pour eux-mêmes. Et ils ont ainsi égard à ce qui en chacun d'eux est le meilleur. C'est pourquoi, selon Aristote, l'amitié partagée est toujours une expérience de l'excellence de l'humanité, de ce qui la qualifie en propre. Il ne faut pas voir dans l'importance accordée alors à l'exercice partagé de la pensée libre une réduction intellectualiste de l'amitié. Le philosophe est avant tout attentif à l'accomplissement heureux des hommes, et à ce qui leur permet de vivre pleinement leur humanité. Le signe d'un tel accomplissement, pour chacun, est la joie de vivre. Pour des amis, le plaisir est d'autant plus intense qu'il est partagé.

Il faut donner toute sa chance à l'amitié la plus haute. Aristote, et après lui Descartes et Spinoza, ont parié pour cela sur la générosité qui veut voir le meilleur de l'autre et ne jamais le réduire à ses faiblesses. Ce même sentiment existe à l'égard de soi-même : il se traduit par l'exigence de s'élever personnellement à ce qu'on peut faire de meilleur. Ego et alter ego. Réciprocité des accomplissements. En ce sens, Descartes dit admirablement que l'estime de soi empêche qu'on méprise les autres. L'autre est un autre soi-même, virtuellement ami. On peut en effet juger un homme sur ce qu'il fait de mieux, ou sur ce qu'il fait de pire – et ces mots ont un sens qui résiste au relativisme ordinaire. La première attitude ne méconnaît pas les faiblesses, mais elle les porte au compte des difficultés de l'existence, et des brèches qu'elles peuvent ouvrir dans une humanité malgré tout fragile. Cette fragilité, on la sent en soi-même comme dans l'autre, et l'on s'en émeut chaque fois qu'on vacille. Une tendresse particulière s'éprouve alors pour tout être qui confronte ainsi à sa fragilité sa résolution de vivre de façon exigeante. Mais l'ami aimé reste au-dessus de ces faiblesses, et les réconforts qu'il reçoit alors parient sur le meilleur de sa personne pour que celle-ci reprenne ses droits. Aimer l'ami, c'est savoir imaginer, voire éprouver comme siennes les faiblesses de l'autre, et il est bon que soit ressentie, à tour de rôle, cette compréhension intime, assortie d'identification affectueuse.

Seul devant les épreuves, fondamentalement, on ne l'est pas dans le fait d'être touché, voire vacillant, car la sympathie, au sens fort de souffrance partagée, dont témoigne l'ami, accroît la capacité d'endurer. La « *philanthropia* » est bien un sentiment qui accompagne l'amitié envers les hommes, et Aristote a montré le cas qu'il en fait dans sa théorie de la tragédie : souffrir par identification au héros tragique, c'est être habité par un sentiment de sympathie naturelle. Celle-ci nous fait participer à la souffrance d'autrui du seul fait qu'il est un homme. Souffrir avec, comme le dit si bien le sens fort du mot sympathie, lorsque la vie frappe l'ami, cet autre soi-même, et sentir l'émotion passer de l'un à l'autre. Les larmes vaguement font que les regards se touchent, dans le silence qui les fait briller de façon inhabituelle.

Il en est de même pour la joie commune qui accompagne l'accomplissement du meilleur de l'humanité, dans l'ami comme en soi-même. Dans l'amitié parfaite, les amis s'aiment pour ce qu'ils sont, et non pour les services qu'ils peuvent se rendre. Le bonheur est ici connivence dans la recherche de l'excellence intellectuelle, mais aussi éthique. On le goûte ensemble.

Il a la saveur d'une vie commune, de partage, qui révèle sa richesse potentielle, et se décline dans les grands registres de la présence au monde. Voir et goûter ensemble les beautés naturelles, comme dans les promenades communes. Faire effort ensemble, et réussir ensemble, comme dans les tâches accomplies de concert. Se sourire et rire, à l'unisson, comme dans ces soirées où il ne s'agit de rien d'autre que de partager la joie vive de se voir et de se parler. Dialoguer, penser à voix haute, progresser ensemble dans le savoir des choses et des êtres, et ressentir cette jubilation unique de deux consciences qui se mêlent pour un temps. « L'ami est désirable en soi », rappelle Aristote.

Bien au-delà des services rendus mutuellement, qui font de l'amitié une relation d'intérêt bien compris, il y a donc l'essentiel, qui est l'humanité accomplie, et pas seulement préservée. Aristote a bien vu que l'échange de services peut fournir à la cité l'idée de sa solidarité, et il fait de cette première forme d'amitié une sorte de modèle civique. Amitié, solidarité. Mais il place l'idéal de l'amitié autrement plus haut. À hauteur d'homme, en quelque sorte. L'homme, dans la plénitude du terme et de la réalité, c'est l'homme accompli, vivant sa vie en la portant au meilleur de ses possibilités. Une vie heureuse intègre tous les registres d'accomplissement, tant dans l'ordre physique, sensuel et sexuel que dans le domaine esthétique, moral et intellectuel. Mais surtout, elle traduit l'affirmation sans entrave du propre de l'humanité ; la pensée librement épanouie, à la fois pour éclairer l'expérience vécue et pour jouir d'elle-même, dans ce miroir de la conscience qui à la fois redouble et réfléchit la belle et bonne activité. La pensée est la « plus haute pratique », et elle l'est d'autant plus qu'elle peut unir les hommes dans un partage pleinement libre, car désintéressé. Le dialogue est amitié, *philia*, disait déjà Platon. Tout homme peut et doit prétendre à la vie de la pensée, sauf à renoncer à l'excellence propre de l'humanité. Deux hommes pleinement accomplis, en ce sens, sont égaux, puisqu'ils vivent au présent leur essence, sans restriction ni appauvrissement.

Un autre soi-même. Ego et alter ego

Le dialogue et le partage des mots sont donc amitié : *philia*, que scelle l'accord implicite sur une recherche commune. Et l'ironie elle-même hausse l'interlocuteur au-dessus des discours et de leurs limites, en jouant sur son pouvoir de distance. Au cours d'un banquet philosophique, l'humour de Socrate et son ironie font merveille. Xénophon évoque Socrate dansant (*Banquet*, II, 17). À quoi Nietzsche fait écho dans *Humain trop humain* (« Le voyageur et son ombre », § 86) : « Sur le fondateur du christianisme, l'avantage de Socrate est le sourire qui nuance sa gravité et cette sagesse pleine d'espièglerie qui fait à l'homme le meilleur état d'âme. » Sagesse espiègle, que fonde en réalité, pour Nietzsche, le savoir tragique du mélange qui fait le fond de la vie : souffrances et jouissances, alternées ou mêlées, de telle façon que les unes peuvent jouer le rôle de faire valoir des autres.

Totalement désintéressée, l'amitié est affranchie de toute circonstance particulière, comme de tout rapport utilitaire. Elle a lieu entre des égaux, se rencontrant tout simplement par ce qui fait d'eux des hommes, abstraction faite des rôles sociaux, des rapports de pouvoir ou d'autorité, de l'intérêt bien compris. Elle est à ce titre exemplaire, indiquant ce que peut être pour l'humanité tout entière une solidarité sans finalité autre que le bonheur du vivre ensemble, librement. Dans une telle perspective, désintéressement et intérêt se concilient parfaitement, comme l'a vu et dit Épicure, en insistant sur la confiance et l'assurance que la pensée d'un véritable ami peut inspirer. « Nous n'avons pas tant à nous servir des services que nous rendent nos amis, que de l'assurance que nous avons ces services » (*Sentences vaticanes*, 34). Bref, l'amitié ne naît et ne vit qu'inconditionnelle. « Qu'un ami véritable est une douce chose » (La Fontaine, *Fables*, « Les deux amis »). À terme, selon Aristote, l'amitié procure le bonheur que confère l'excellence accomplie dans les hommes, car elle se cultive en y assurant la promotion de ce qui en eux constitue le meilleur d'eux-mêmes, et les apparente ainsi au « divin ». La référence à Dieu, ici, a un double sens : elle fait signe vers l'être qui se suffit à lui-même, et qui réalise pleinement son essence. L'un va avec l'autre dès lors que l'homme se mesure à son idéal d'accomplissement, auquel il accède plus ou moins parfaitement. Dieu horizon de l'homme... Cette immanence bannit tout écrasement de l'humanité sous une religion qui dote son dieu de qualités qu'elle dénie à l'homme.

Ce genre d'amour – *philia* – a peu de chose à voir avec l'amour charitable, dans lequel la conscience de la faiblesse humaine ne se compense pas par le sentiment de sa force toujours disponible. L'égalité et la réciprocité dans le cadre de vies mutuellement suffisantes et accomplies font contraste avec cette sorte de désespérance qui convertit l'humilité en renoncement. Pessimisme et logique d'exil hors de l'aventure temporelle. Augustin, entre autres, insistera sur le renoncement à soi qu'implique l'amour de Dieu, et par médiation l'amour d'autrui. Pour Aristote, au contraire, l'ami est un autre soi-même, et celui qui ne s'aime pas lui-même, parce qu'il agit de façon indigne, peut difficilement éprouver la plénitude du sentiment d'amitié. On a des devoirs envers soi, notamment ceux qui permettent à une vie humaine de s'affirmer comme telle, pour se situer soi-même à hauteur d'homme. La haine de soi peut difficilement s'accorder avec l'« amour de l'autre ». La générosité veut voir en tout homme un être libre, virtuellement supérieur aux actes qu'il commet parfois par aveuglement, ou auxquels il s'abaisse parce qu'il ne jouit plus de la plénitude de son libre-arbitre, ce qui peut arriver en raison d'une maladie grave ou d'une détresse profonde. D'où la nécessité de l'aider par tous les moyens à réintégrer la plénitude de son humanité, et tout particulièrement sa liberté.

« Parce que c'était lui, parce que c'était moi »...

L'émotion de Montaigne évoquant son ami La Boétie a donné à la littérature l'une des plus belles pages consacrées au bonheur d'amitié. Amitié pure, sans pourquoi ni raison, et dont on ne peut rendre compte. La phrase est célèbre : « Si l'on me presse de dire pourquoi je l'aimais, je sens que cela ne peut s'exprimer qu'en répondant : parce que c'était lui, parce que c'était moi » (*Essais*, I, XXVIII). Ainsi, du grand plaisir de la vie que procure la parfaite amitié, voire l'amour, il n'y a pas d'explication. C'est dire que nul déterminisme n'est à convoquer ici, et que la propension des êtres à se rencontrer, à s'aimer, met en jeu leur liberté la plus naturelle. On ne se lie que sur le fond d'une déliaison originelle, et cette dimension gratuite de l'adhésion à l'autre est ce qu'il y a de plus précieux. Elle suppose bien sûr que chaque être dispose pleinement de lui-même, ne se trouve ni dans le besoin ni dans la dépendance. Amour.

Le hasard de la rencontre, le libre jeu de la séduction, le ravissement amoureux, font leur œuvre. Verlaine :

« Je fais souvent ce rêve étrange et pénétrant
D'une femme inconnue, et que j'aime, et qui m'aime,
Et qui n'est, chaque fois, ni tout à fait la même,
Ni tout à fait une autre, et m'aime et me comprend. »

Rencontre

Leurs regards se sont mêlés, longuement, comme des eaux qui enlacent leurs volutes. Il ne cessait de dessiner son visage, forme soudain détachée du paysage et de la rumeur de fête qui les entouraient. Forme parfaite, comme celle d'un portrait suspendu au ciel, et qui viendrait se superposer à son original. Il ne voyait plus qu'elle, au-delà de sa présence vive et des mots qu'ils échangeaient, avec cette première gêne des rencontres que l'on sait riches d'avenir. L'admiration se mêlait à cette attirance à peine avouée, ressentie d'un seul coup, dans le brouhaha qui les enveloppait. Il se tenait devant elle, intimidé, malhabile. Il la regardait tout en lui parlant, gagné par une sorte de tendresse diffuse. Ses paroles se lestaient insensiblement d'émotion, abandonnant la retenue première et le registre des propos de circonstance. Il surprit son regard glisser vers son cou, et c'était comme l'esquisse d'une première caresse. Il ne la quittait plus des yeux ; ils ne se quittaient plus. Un dialogue unique avait pris naissance, qui les isolait au sein de la fête. Leurs paroles volubiles, échangées dans une sorte d'ivresse mutuelle, resserraient le lien absolu qui prenait corps entre leurs êtres. Coup de foudre, à l'évidence, et la soirée n'allait plus être que ce bonheur d'une rencontre unique, de *la* rencontre.

Pendant ce temps, la nuit tombante apaisait la fête autour d'eux. Gracieuse et enjouée, elle continuait de répondre, de temps à autre, aux amis qui la saluaient. Et lui, seul avec elle, tandis qu'elle adressait des signes d'amitié à tous, se prenait à rêver. Était-il besoin de lui dire la magie du moment, de s'en réjouir à voix haute, tant était évidente la hâte de leurs regards à se retrouver, à se baigner l'un dans l'autre, après les interruptions passagères de leur tête-à-tête ? Elle était là, vive et passionnée, belle, et toute la poésie du monde semblait lui rendre hommage. En cet instant de grâce, il aurait voulu lui tisser des paroles uniques, des musiques de mots légères et douces, et faire virevolter autour d'elle, comme des serpentins de fête, les courbes éphémères de mille caresses recommencées. Au loin, la mer gagnée par une nuit légère s'assombrissait dans le rythme de vagues presque silencieuses, attestées seulement par des murmures et des blancheurs éphémères. Parfois, ils se tournaient ensemble vers ce paysage, comme pour continuer leur complicité sous une autre forme, dans la contemplation des choses. Leurs regards ne tardaient pas à se retrouver, leurs sourires à se porter l'un vers l'autre. Rencontre. Ému jusqu'au plus intime de sa conscience, il trouvait parfois les mots dérisoires. D'ailleurs, certains silences les unissaient, par moments, comme si comptait désormais le seul fait de la rencontre, épurée de toute autre chose. Il était submergé par l'impulsion de tendresse qui montait en lui, et la douce certitude de sentir partagé ce nouveau bonheur. Déjà, il voulait prendre sa main, la serrer doucement, faire passer en elle l'émotion qui le gagnait. Mais il avait trop le sentiment qu'un tel moment serait sacré pour le précipiter. Il ne savait comment lui prodiguer les mille égards que lui inspirait sa personne, noble et vive, étincelante d'intelligence et de beauté. Elle parla de rencontre magique, et ce fut une joie incomparable. Amour. Aveu intérieur, incroyable d'abord. Quelque chose le brûlait, transfigurait le monde, le ciel et le soir, la nuit et les tourbillons de la fête. Tout témoignait, en somme, pour une promesse naissante. Moment rare, unique peut-être, et dont il ne mesurait sans doute pas encore la portée. Plusieurs fois, ils firent mine de prendre congé l'un de l'autre. Elle était appelée par ses amis, qui manifestaient quelque impatience. Lui était tout seul ce soir-là. Il avait toute la nuit, toute la vie devant lui. Il ne pouvait pas la quitter, et il le fallait pourtant. À chaque fois, ils s'arrangèrent pour se retrouver, rester ensemble, un peu de temps encore. Puis vint le moment de le faire réellement. Leurs bras se réunirent. Enthousiasme et retenue à la fois. Il la vit partir, sans bien comprendre ce qui arrivait. Il n'entendit plus bientôt que ses propres pas solitaires, sur le chemin qui bordait la mer. La nuit semblait s'être refermée, après avoir hébergé une lumière intense, dont il était encore ébloui. Il savait bien, au moment de la quitter, que plus rien ne devait les séparer désormais. Hasard d'une rencontre… Une sorte d'absolu, atteint par surprise. Tout bonheur est un instant d'éternité. Il le savait, et la vie finalement lui semblait rassurante : n'avait-elle pas permis, dans ces flots continus de hasards et de souffrances qui trop souvent l'inondent, une telle rencontre ?

Il se souvint qu'il s'était confié à elle comme s'il l'avait toujours connue. Une sorte de hâte à lui dire l'essentiel de sa vie l'avait saisi. Il le lui avait fait remarquer, s'excusant de cette sorte d'impudeur. Elle avait souri. Elle aussi s'était confiée. Ils étaient devenus, en quelques instants, comme familiers l'un à l'autre. En s'éloignant, il avait l'étrange sentiment d'être resté très longtemps avec elle, mais aussi, contradictoirement, que le temps de leur rencontre avait passé incroyablement vite. Il marchait tout seul, et goûtait la fraîcheur d'une petite brise nocturne. Elle devait être loin maintenant. Il lui enverrait bientôt un message, qu'il se plaisait à rédiger déjà, de multiples façons. Sans doute serait-il maladroit, mais les mots ne pouvaient mentir, ni la façon de les écrire, tout tendu par l'émotion. Il était habité par la courbe de son visage, par la profondeur de ses yeux, par le dessin de ses lèvres. Il entendait encore sa voix, et une sorte de frisson d'espérance se confondait avec son souffle. La nuit fut transfigurée. La magie fit les étoiles plus vives, le ciel plus profond, le sommeil plus léger. La conscience ne voulait guère de ce sommeil, qui la privait de pensées radieuses. Le rêve était bien là, peuplé d'oiseaux nocturnes qui ne cessaient d'éclore aux lèvres de la mer. Avant de s'assoupir, il écouta encore la lente respiration des eaux sombres sous la promesse de l'horizon. Il se dit qu'elle aussi devait avoir les yeux ouverts, et que leurs regards se cherchaient, en ce moment même. La nuit fut longue et douce, à demi éveillée. La solitude avait un goût étrange, et une sorte de jouissance indéfinie en émanait. Il savait que cette nuit leur était commune. Leur première nuit partagée.

Rêve de rencontre, dont l'être intime gardera le bonheur. Même la vie oublieuse en aura inscrit l'émotion dans la mémoire charnelle, comme dans les promenades secrètes du souvenir.

TROISIÈME PARTIE

LA SAGESSE HEUREUSE

Récit

Des figues en hiver

Il avançait dans la neige, sous la bourrasque, et sa gorge séchée contrastait avec la froidure humide qui montait vers lui. De longs frissons venaient inquiéter toute sa chair, transie et sentie soudain fragile. Il fallait bien avancer, coûte que coûte, sous le ciel presque blanc, qui ne laissait espérer rien de bon. Il avait à la fois faim et soif, et le souvenir doucement sucré d'une figue lentement pressée par les dents, puis tranchée par elles, était venu l'obséder. Une saveur imaginée se répandait dans sa bouche, forte et sûre, moelleuse et profonde, de caractère intense. Des figues en hiver ! Le rêve était vrai, et il se surprit à mâcher le fruit. La mémoire se faisait sensible et tendre, en contraste avec la rudesse de la situation. Le monde allait-il basculer dans la magie du désir ?

Au détour du chemin glacé, il reconnut la silhouette familière du figuier, chargé de fruits et d'étincelles de neige. Il n'avait qu'à s'approcher un peu plus, en prenant garde aux ravines verglacées. Le froid se faisait plus vif à mesure qu'il avançait, et que la nuit tombante noircissait les branches lourdes. Il progressait dans le crissement de ses pas, et là-bas les figues tendres suaient des gouttes de lumière givrée. Elles semblaient trop lourdes pour l'arbre qui les portait. Un arbre solitaire et insolite, entouré de roches aux arrêtes vives, si nues qu'on aurait dit qu'un vent de sable n'avait cessé de les polir. Il n'y avait alentour qu'une sorte de désert hivernal, pierres grises et herbes desséchées, cheveux de vent qui sifflent étrangement. Il se prit à grelotter. Des figues en hiver ! Épictète ironisant sur les vains désirs de l'homme lui revint en mémoire. Demander que les choses ne soient pas comme elles sont, c'est comme demander des figues en hiver. Ou donner un coup de pied à une muraille. Malgré tout, il éprouvait confusément cette étonnante liberté de la conscience, qui voyageait de souvenir en rêve et de sensation vive en imagination tenace. Le figuier s'était estompé dans la nuit et le chemin s'abritait désormais sous une sorte de forêt imprévue.

Il se réveilla dans la moiteur du silence. Il faisait bon ; la chambre à demi éclairée par le réverbère de la rue se rappela à lui, familière. Il prit la mesure du monde proche. Le reste de la nuit lui appartenait, comme cette force intérieure qui discipline les pensées vagabondes, et sait aussi leur lâcher la bride. Le rêve des figues hivernales avait laissé une trace insistante. Le réel avait repris ses contours, et la conscience attentive en explorait les limites avec une sorte d'étonnement.

Ne pourrait-on cultiver des figues dans les serres qui substituent leur chaleur artificielle à la saison inexorable ? Le rêve humain a pris corps en observant la nature pour s'affranchir de ses rythmes premiers. Avec un peu d'industrie, dit Descartes, on délègue à la nature le soin de produire ce qu'elle ne produirait pas spontanément. L'eau vive de la rivière entraîne la branche courbée qui s'enfonce en elle, puis ressort un peu plus loin pour retomber. La même eau fait tourner la roue du moulin, et voilà bientôt la farine sortie des meules. Le pain en toutes saisons, c'est le quotidien du rêve éveillé. Des figues en hiver… la sagesse ne nie pas le rêve, mais lui ouvre son accomplissement raisonnable.

Demander l'impossible… l'homme ne sait d'abord faire le partage entre ce qui dépend de lui et ce qui ne dépend pas de lui. Le désir s'étend à tout, par une ambition naïve, qui présume de soi et du monde. Ainsi va l'enfant avant les premiers démentis et les déceptions de l'expérience. Ainsi va l'impatience maladive qui dira toujours la force du désir, salutaire pour surmonter les limites du présent. Mais ce mouvement impétueux peut se prendre à son jeu, et oublier le partage entre ce qui vient de soi et ce qui témoigne pour l'ordre du monde. On se heurte alors à la dureté des choses, et la rage n'est pas loin, qui déraisonne, si la conscience ne reprend pas ses droits. Sagesse difficile : ne pas demander l'impossible, mais ne pas renoncer non plus au possible. La frontière n'est pas toujours claire. Enfermé dans les limites du présent, accablé par l'ordre du monde, on oublie de scruter les mouvements silencieux qui le transforment, ou les points de faiblesse qui ouvrent un chemin à l'initiative. Habité au contraire par le seul rêve de ce qui devrait être, on désespère de ne pouvoir lui plier d'emblée le donné.

Le bonheur se construit d'abord comme une sorte de paix intérieure, qui reconduit les choses à leurs lois anonymes, et la conscience à ce qui dépend d'elle. La nature délivrée des impatiences humaines n'a plus rien de dramatique. La discipline de soi tient le monde à distance dans le moment même où l'inquiétude – mélange de crainte et d'espoir – cesse de dicter sa loi. L'orage n'est rien que phénomène climatique, et nul dieu ne se cache en lui pour châtier les hommes.

En retour, cette nature délivrée de la superstition révèle le possible, et invite à l'action conquérante. Des figues en hiver ? Il fallait bien congédier l'impuissance du désir qui ne prend pas la mesure du possible, et s'épuise dans une vaine magie. Des figues en hiver. Il faut maintenant reculer la frontière de ce qui dépend des hommes et dire la puissance qui les élève lorsqu'ils maîtrisent le geste technique. Ainsi peut s'esquisser une sagesse qui n'a rien d'une soumission. L'ordre du monde est celui de son histoire vive, à ressusciter sous la fatalité apparente de ce qui est.

« Vaincre ses désirs plutôt que la fortune. » La maxime de Descartes – et des stoïciens – est de simple sagesse. Elle n'appelle aucune soumission passive. La rappeler, c'est restituer la conscience à sa sérénité. Il s'agit de la dissuader d'entreprendre ce qui pour l'heure, vu le coefficient d'adversité de la situation objective, serait aussi vain qu'épuisant. Là encore importe le partage lucide entre les choses sur lesquelles on peut agir et celles qui sont hors de portée. Ainsi éclairée, la conscience reste assurée d'elle-même. Elle peut partir à la conquête du possible, et lui consacrer pleinement ses forces. Elle ne se consume pas dans des efforts inutiles, et décourageants. Descartes invite à comprendre la façon dont la nature produit ses effets, afin d'agir au mieux sur elle et par elle, pour que la vie soit plus facile. Se rendre « comme maître et possesseur de la nature ».

Des figues en hiver… Pourquoi pas ?

Septième leçon

La paix de l'âme

Le réel et le possible

Bien sûr, il faut savoir rêver. Il faut aussi prendre ancrage dans le réel, tel qu'il est, sans transiger avec l'exigence de vérité. Dans les deux cas, l'authenticité des moments de bonheur est en jeu. La vie accomplie appelle deux sagesses.

Sagesse du réel, qui apprend à connaître l'ordre du monde, à s'habituer aux lois de la nature, à régler sa conduite en évitant la vanité des révoltes inutiles et des dérives passionnelles. Sagesse de la maîtrise de soi, qui s'évertue à faire disparaître les tourments intérieurs, mieux, à en éviter le retour. La philosophie comme « médecine de l'âme » chère à Épicure éradique les peurs. Elle montre qu'elles n'ont pas de fondements. L'homme découvre ainsi qu'il s'inflige souvent à lui-même des soucis qui n'ont rien de fatal. Il prend la mesure de la faiblesse qui tient à l'ignorance des choses, et à la méprise qui en résulte sur ce qui dépend de son action. Il se prépare alors à concentrer ses forces sur ce qui peut réellement dépendre de lui : affranchi des résignations et des illusions comme des inhibitions insensées, il fait le plein de son pouvoir.

Sagesse douce, même si elle implique effort. « Sois sage, ô ma douleur, et tiens-toi plus tranquille… » Sagesse préventive, aussi. Elle apprend à éviter les troubles qui obscurcissent la conscience. Thérapeutique des vaines craintes, des angoisses trop humaines. Philosopher, c'est cultiver en soi la vie sereine, se délivrer des hantises. À bien y réfléchir, on dispose pour cela d'atouts immenses, comme Épicure l'a si bien remarqué.

Sagesse du possible, qui élargit l'horizon et invente l'avenir. À la juste mesure du pouvoir présent répond alors l'imagination qui crée. L'action prend le relais de l'espoir, et ce qu'on n'osait pas concevoir, dans les limites d'une existence résignée, devient accessible. Pour les esclaves convaincus depuis toujours que leur condition était naturelle, pour les ouvriers du premier âge industriel, qui consumaient leur vie dans des journées de travail allant de l'aurore au crépuscule, pour les femmes qui souffraient tant pour donner la vie, ou qui vivent au quotidien la domination masculine, l'histoire se met en révolte, et restitue l'humanité à la conscience de ce qui lui est dû, en chacun. L'utopie raconte, sans complexe, une autre façon d'être. Le bonheur est une idée neuve. Il faudra bien la prendre au mot, pour épanouir ce qui peut l'être. Et l'éventail des possibles se déploie pour qu'advienne la vie rêvée, mais n'en impose aucun. Elle se fait alors utopie nécessaire, pour délivrer les aspirations humaines des limites de l'heure et du lieu. Son registre n'est pas celui de la norme à imposer, de l'obligation à faire valoir. Il est tout simplement celui de l'espérance : la faculté de vouloir autre chose que ce qui est quand le quotidien ne permet guère le bonheur.

Cette ressource intérieure de la pensée est rarement estimée à son prix, et souvent suspectée de nourrir l'illusion, ou de la côtoyer. Mais il faut la comprendre comme connaissance lucide des limites de l'heure et du lieu, et esquisse du mouvement qui s'en libère. Elle permet à chacun, dès lors qu'il la cultive, de faire appel du malheur subi, ou des souffrances sans horizon. La conscience s'élargit, multiplie les perspectives, comme dans l'air froid des cimes, on se plaît à faire tourner le regard pour décliner les paysages, le paysage. Des figues en hiver. C'est bien sûr impossible, aujourd'hui. Mais déjà le rêve a déplacé les frontières du réel, et l'espérance humaine saura donner aux fruits naissants la chaleur dont ils ont besoin.

Les quatre remèdes

« Médecine de l'âme », la philosophie l'est d'abord en tant que conquête personnelle de la lucidité et de l'absence de trouble (*ataraxia*). Elle se cultive chaque jour, dans l'expérience, comme un art de vivre, une discipline de soi qui procure la sérénité. La conduite pratique donne lieu à un exercice constant, consistant à faire croître en soi la sagesse. Celle-ci n'a rien d'une sublimation intellectuelle. Elle dispose chaque personne à vivre selon des règles qui permettent d'éprouver le meilleur de l'être, de la présence au monde. D'où l'effort pour surmonter tout ce qui entrave la possibilité de réalisation de soi et la jouissance positive dont elle s'assortit. Dans cette perspective, les plaisirs sont essentiels, pourvu qu'ils ne troublent pas un rapport à soi équilibré, disposant des différents registres d'accomplissement. Être aliéné à l'hypertrophie d'une passion exclusive est donc néfaste. Les devoirs envers soi ont pour référence un idéal de bonheur aussi riche et diversifié que possible. Cela exclut l'oubli d'une de ses dimensions essentielles et la mutilation qui en résulte. En ce sens, la référence au bonheur comme idéal d'imagination est vitale : les aspirations propres à orienter la vie n'ont pas à s'amputer d'emblée, en consacrant passivement les limites d'une condition d'existence qui les appauvrit. Loin de l'homme « unidimensionnel » dont parlait Marcuse, il y a la figure d'un accomplissement multiforme, mettant à profit les registres divers du plaisir et du contentement.

Quels que soient les moyens matériels dont ils disposent, les hommes ne sont pas à l'abri des superstitions qui les font trembler, ni de l'anticipation angoissée qui fait de la mort une hantise. Le cœur est lourd, et la crainte répand son ombre portée dans la conscience. Le monde meurtrit la volonté, et elle peine à le tenir à distance. Il faut pourtant l'écarter du regard, comme on fait d'un tableau dont tel horrible détail fixe et cloue l'attention. Voir l'ensemble, de plus loin. La distance soulage, et libère une lucidité voilée d'abord par la souffrance immédiate. Les grands de ce monde eux-mêmes connaissent ces troubles intérieurs. Bref, tout homme est à la merci de ces tourments. Il faut puiser, pour s'en libérer, dans les ressources de la raison. Celle-ci ne se réduit pas à une faculté de calcul. Elle vit en chacun comme un pouvoir de lucidité apaisante, de compréhension par les causes. Elle mobilise la connaissance de la nature pour faire disparaître les tourments de l'âme. Ainsi, les savoirs ne restent pas lettre morte ; ils sont mis à profit pour éclairer la conduite, et rendre la vie plus douce. D'où l'idéal majeur de la paix intérieure : accéder dans toute la mesure du possible, à l'absence de trouble, que les Grecs appelaient l'*ataraxie*.

Épicure, le philosophe du plaisir serein, conçoit un quadruple remède, aisément praticable par tout homme. Le premier indique comment se libérer de la crainte des dieux. Le second enseigne la sérénité qui surmonte la peur de la mort. Le troisième invite à la recherche du plaisir : là où advient ce plaisir, il n'y a pas de place pour la souffrance, et c'est autant de gagné pour le bilan des joies. Quant au quatrième remède, il consiste à relativiser l'expérience de la douleur, en montrant qu'elle peut être supportée. La philosophie, par ce quadruple remède, s'affirme comme une thérapeutique des craintes sans objet. Elle ne méconnaît pas pour autant les dérives affectives de ces craintes, mais la voie qu'elle indique, justement, tend à les limiter, voire à les guérir. Du plaisir comme finalité de la vie, et comme façon d'être qui ne laisse aucune emprise à ce qui fait souffrir, il faudra parler longuement. C'est un principe majeur de la sagesse heureuse : on y reviendra en évoquant plus loin « la vertu des plaisirs ». Pour l'heure, comment s'affranchir des trois craintes majeures qui empêchent la sérénité de l'âme ? L'âme humaine, matérielle ou non selon les croyances, est à comprendre ici comme le siège de la conscience et de la vie intérieure. C'est donc le principe de toutes les pensées comme de tous les sentiments. Il faut en apaiser les tempêtes.

Des dieux qui ne soient pas des maîtres

Les dieux sont-ils à craindre ? Épicure fait observer que si la foule les conçoit sur le modèle des hommes, désirants et envieux, avec en plus une puissance immense, ils ont tout pour être effrayants. Ils sont en effet aussi imprévisibles que les caprices humains, et tout mortel peut être victime de leurs interventions. Il en va de même s'il n'y a qu'un dieu lui aussi ressemblant aux hommes par les propriétés qu'on lui attribue. Un dieu qui aime et qui punit, qui juge et qui récompense, est également source de peur, puisque toute action humaine se situe sous son regard. Et le mal présent sur la terre n'arrange guère les choses, en clouant son énigme au cœur même de la foi religieuse en un dieu supposé bon et tout-puissant. « Dieu ou bien veut exclure les maux et ne le peut ; ou il peut mais ne le veut ; ou il ne veut ni ne peut, ou il veut et il peut » (Lactance, *Colère de Dieu*, 13, 19).

Seul un dieu se mêlant des affaires humaines peut susciter de tels doutes, et les peurs qui vont avec. Le rêve d'une providence divine est donc néfaste, puisque tout démenti de l'expérience renverse le confort de la croyance. L'idée d'une nature qui serait aux ordres d'une puissance surnaturelle, intérieure ou extérieure à elle, n'est pas plus rassurante. La superstition engendre les frayeurs de tous ordres, et paralyse l'initiative. C'est donc d'une telle vision, naïvement finaliste et anthropomorphique, qu'il faut s'affranchir. Et pour cela, il suffit de purifier la divinité, ou le grand être de la nature, de telles projections.

En réalité, si les dieux existent, leur nature doit être comprise en faisant abstraction des faiblesses propres aux hommes. Ni les dieux ni la nature ne veulent quelque chose. Les affaires humaines ne sont pas leur « souci ». Il n'y a pas à craindre quoi que ce soit qui pourrait résulter de leurs intentions, puisqu'ils n'en ont pas. On pourrait d'ailleurs imaginer la divinité, si l'on tient à se la représenter, comme la limite extrême d'une existence accomplie en sa plénitude, sans déficit aucun de réalité, et par conséquent jouissant d'un bonheur sans ombre : la divinité ainsi conçue représente une sorte de passage à la limite de l'humanité, qui quant à elle est plus ou moins heureuse. Des immortels bienheureux, qui ne songent pas un instant à jouir de leur puissance en en faisant un objet de crainte pour les mortels, sont plutôt des modèles de vie accomplie, non réactive, naturellement affirmée. Ne dépendant que d'eux-mêmes, ils incarnent une liberté qui ne se fonde pas seulement sur un libre arbitre de principe, mais dispose des moyens concrets de s'épanouir. Cette façon d'être a quelque chose d'exemplaire, et la représentation philosophique dans laquelle elle s'incarne est tout à fait stimulante. On est loin du sacrifice d'Iphigénie, la fille d'Agamemnon, que l'oracle avait ordonné d'immoler afin que les vents se lèvent et permettent à la flotte grecque de quitter Aulis pour aller faire la guerre à Troie. On peut aussi nier l'existence de toute divinité, ou la tenir pour inconnaissable (en grec *agnostos*). Ainsi, quel que soit le cas de figure, croyance religieuse, athéisme, ou agnosticisme, la crainte est sans fondement. À une religion de peur et de soumission la raison sereine oppose la foi philosophique en une humanité capable de maîtriser ses troubles et de se tendre vers la limite idéale de son accomplissement : la piété rationnelle est un humanisme qui n'a pas besoin de nier la divinité, ni de l'affirmer. Elle est fondamentalement confiance et courage d'user au mieux de ce dont on dispose. Une religion qui ne serait que de compensation signerait une misère d'être peu propice à une foi déliée, authentique. C'est la belle leçon de Simone Weil, la résistante chrétienne engagée dans la lutte pour l'émancipation sociale.

Dédramatiser la mort...

« La mort n'est rien pour nous. » Ainsi formulée, la sentence peut sembler irrecevable. Ne sommes-nous pas tous attachés à la vie, même difficile et douloureuse ? Victor Hugo : « Mourir n'est rien, c'est ne pas vivre qui est terrible. » Que veut dire Épicure ? que l'expérience directe de la mort est impossible, et par conséquent qu'il est vain de la craindre. La mort est la privation de toute sensation : elle ne saurait être dite douloureuse. « Quand nous sommes là, la mort n'est pas présente ; quand la mort est là, nous ne sommes plus » (*Lettre à Ménécée*). Certes, la mort est inéluctable. Mais que savons-nous d'elle, de ses circonstances, et de ce qu'elle provoquera en nous ? L'affabulation nous saisit, et nous tourmente, alors qu'il y a tant et tant de choses à penser, et à faire, en cette vie bien réelle qui est à nous ! On se souvient aussi du propos de Socrate, envisageant avec sérénité sa propre mort devant ses juges. Ou bien cette mort est pur néant, et alors elle n'est pas plus à craindre qu'un « sommeil sans rêves » (*Apologie de Socrate*, 40de). Ou bien il y a un au-delà, mais celui qui prend sa vie avec philosophie n'a pas à craindre une telle forme de survie, car il s'est en fait préparé. Penser, c'est en un sens mourir à ce qui nous aliène, et cette mort-là, pour Platon, avait quelque chose de libérateur.

Philosopher, dit Montaigne, c'est apprendre à vivre. Mais c'est aussi apprendre à mourir (*Essais,* I, XX), à la fois en dédramatisant la mort et en se tenant à distance des captations trop violentes de la vie. Reste que la pensée de la mort ne saurait importuner la vie. Relâche. Le théâtre sempiternel de la finitude, où l'homme n'apprend qu'à désespérer de lui-même, doit laisser ses rideaux se fermer quand il le faut. « Nous troublons la vie par le soin de la mort…C'est bien le bout, non pourtant le but de la vie. C'est sa fin, son extrémité, non pourtant son objet » (*Essais,* III, XII). Comme Épicure et Spinoza, qui appelle à une « méditation de la vie, non de la mort », on ne saurait mieux dire que la pensée de la mort ne doit pas nous détourner de vivre, et vivre se conjugue d'abord au présent. « *Carpe diem* », dit le poète : « Cueille le jour. » Reste que la référence à la mort a au moins le mérite de nous rappeler à la nécessité de ne pas nous tromper sur ce qui vaut vraiment. Se remémorer la condition humaine nous aide à nous purger de toute mesquinerie. Tout passe si vite…

S'il est bien vrai que la mort « en première personne », ma mort, n'est rien au sens où je ne peux en faire l'expérience directe, il reste que ta mort, à toi, l'être aimé dont le sourire s'est figé à jamais, m'ébranle plus que je ne saurais dire. Épicure et les stoïciens ont beau me dire que ta mort, en deuxième personne, s'inscrit dans l'ordre des choses, j'ai quelque peine à maîtriser ce serrement de gorge qui brouille pour l'heure la présence au monde. La consolation, qui n'en est pas vraiment une, consiste à se dire que tout voyage a un terme, et que tu es parti(e) plus tôt que moi. Une autre consolation, plus vraie pour le cœur, me rappelle que tu vis encore dans tout ce que tu as fait, dans ceux qui sont nés de toi ou se sont enrichis de ta rencontre. La philosophie et sa parole touchent ici à leur limite, comme la vie elle-même, et il faut s'attacher non à la durée de la vie heureuse, mais à son intensité, à la force du témoignage qu'elle se donne à elle-même, et qu'elle irradie pour les autres. Marc Aurèle dit ainsi la valeur d'une vie qui atteint d'une certaine façon l'éternité par sa plénitude en actes : « Tout ce que tu souhaites d'atteindre dans une longue période, tu peux l'avoir dès maintenant, si tu ne te le refuses pas à toi-même » (*Pensées,* XII, 1).

Surmonter la douleur

La douceur de vivre n'est-elle pas brouillée par la douleur, qui guette à tout moment, et qui est le lot commun des hommes autant que le plaisir ? De fait, la douleur peut surprendre même le plus robuste des hommes. Socrate se réjouit du soulagement qui advient quand on lui ôte les chaînes qui blessaient depuis longtemps ses membres. Il s'était habitué. Il fait maintenant l'expérience de la relativité des douleurs et des plaisirs propres au corps. Leçon bonne à prendre, mais à double tranchant. Après la douleur, le plaisir. Après le plaisir, la douleur. Dans le premier cas, l'espérance, et l'expérience, permettent d'anticiper la fin de la souffrance, et de s'en abstraire, ne serait-ce qu'en pensée. Dans le second cas, une sorte d'ombre portée, qui doit inviter à vivre le présent dans sa plénitude, sans s'abstraire de lui. Après tout, il se suffit bien à lui-même, puisqu'il permet à l'être de s'éprouver en sa plénitude. Pourquoi penser aux douleurs futures, quand la vie s'égale à son idéal, ne serait-ce que le temps d'un jour de soleil, où les oiseaux réinventent la splendeur du ciel ?

Quand la douleur obsède et envahit, comment faire pour retrouver sinon l'absence de souffrance physique (en grec, l'*aponia*), du moins le maintien qui marque la résistance de l'être à tout ce qui le fragilise ? La légendaire impassibilité stoïcienne (*apatheia*) ne doit pas s'entendre, selon Épictète, comme l'insensibilité d'une statue (*Entretiens*, III, chap. 2, § 4). L'attitude stoïque est plutôt une sorte de retenue qui fait qu'on ne se laisse pas submerger, ou entraîner, par la souffrance. Elle se cultive, car elle ne peut s'acquérir d'un coup. Il ne s'agit pas tout à fait de s'endurcir, mais d'apprendre à traiter la douleur comme quelque chose qui n'atteint pas la totalité de l'être. Certes, l'âme, comme siège des pensées et des sentiments, forme avec le corps « comme un seul tout », selon Descartes. Et il est bien difficile pour elle de faire abstraction des aventures du corps, car elles sont aussi, d'une certaine façon, les siennes. Reste que la vie intérieure, les ressources mêlées de la mémoire, de l'imagination et de l'habitude prise de relativiser les souffrances physiques sont ici précieuses.

Jouir de la pensée

Curiosité, dit Aristote, à propos de l'élan premier qui porte à connaître. Les éclipses, étonnantes, dérobent le soleil. L'enfant de quelques jours, qui n'a pas encore d'habitudes, n'en concevrait aucune crainte. Mais l'homme est saisi d'épouvante. S'il peut comprendre, et s'assurer que le soleil reviendra, la peur lâche prise. « Si les suspicions sur les choses célestes ne nous tourmentaient en rien, ni celles qui concernent la mort… Nous n'aurions pas besoin de la science de la nature » (Épicure, *Maximes,* 11). Ainsi, la paix de l'âme est en jeu. Mais pas seulement elle. La joie qui résulte du fait de savoir est un accomplissement, qui n'a d'autre fin que lui-même. Il faut y voir un signe, majeur, de ce qu'un être attend de lui-même, lorsqu'il décide de vivre sa vie pleinement.

Le bonheur, à l'évidence, ne prend sens que pour un être capable de l'éprouver. Tel est l'homme, que l'on peut dire heureux lorsqu'il s'accomplit. Le bonheur ne s'impose pas à travers un modèle obligé. Sa vision idéale fixe un étalon qui permet d'orienter sans contraindre, car elle affranchit des mutilations inscrites dans la réalité. Pour Aristote, le bonheur (*eudai-*

mon) est le souverain bien dès lors qu'il signale une certaine réalisation de l'accomplissement humain. Il traduit une actualisation optimale de ce qui est le propre de l'homme, à savoir la vie rationnelle pleine et réussie. Le texte central à cet égard se trouve dans l'*Éthique à Nicomaque* (livre I, chapitre 6, 1097 à 1098, traduction Tricot, éditions Vrin).

« … L'identification du bonheur et du souverain bien apparaît comme une chose sur laquelle tout le monde est d'accord ; ce qu'on désire encore, c'est que nous disions plus clairement quelle est la nature du bonheur. Peut-être pourrait-on y arriver si on déterminait la fonction (*ergon*) de l'homme. De même, en effet, que dans le cas d'un joueur de flûte, d'un statuaire, ou d'un artiste quelconque, et en général pour tous ceux qui ont une fonction ou une activité déterminée, c'est dans la fonction que réside, selon l'opinion courante, le bien, le « réussi », on peut penser qu'il en est ainsi pour l'homme, s'il est vrai qu'il y ait une certaine fonction spéciale à l'homme. […] Mais alors en quoi peut-elle consister ? Le simple fait de vivre est, de toute évidence, une chose que l'homme partage en commun même avec les végétaux ; or ce que nous recherchons, c'est ce qui est propre à l'homme. Nous devons laisser de côté la vie de nutrition et la vie de croissance. Viendrait ensuite la vie sensitive, mais celle-là encore apparaît commune avec le cheval, le bœuf, et tous les animaux. Reste donc une certaine vie de la partie rationnelle de l'âme, partie qui peut être envisagée, d'une part, au sens où elle est soumise à la raison, et, d'autre part, au sens où elle possède la raison et l'exercice de la pensée. »

Et Aristote de préciser : « Cette fonction est génériquement la même dans un individu quelconque et dans un individu de mérite (ainsi dans un cithariste et dans un bon cithariste), l'excellence due au mérite s'ajoutant à la fonction (car la fonction du cithariste est de jouer de la cithare, et celle du bon cithariste d'en bien jouer)... »

Dès lors, l'accomplissement de l'homme s'exprime par l'excellence dans l'accomplissement de la fonction qui le caractérise en propre : « C'est donc que le bien pour l'homme consiste dans une activité de l'âme en accord avec l'excellence (*arètè*), et, au cas de pluralité d'excellences, avec la plus éminente et la plus parfaite d'entre elles. » Mais il faut ajouter : « Et cela dans une vie accomplie jusqu'à son terme », car une hirondelle ne fait pas le printemps, non plus qu'un seul jour : « Et ainsi la félicité et le bonheur ne sont pas davantage l'œuvre d'une seule journée, ni d'un bref espace de temps » (*ibid.*).

Ainsi, l'exercice actif de la raison est bien l'opération pour laquelle est fait un être humain, et par laquelle il s'accomplit. La puissance déterminée qui lui correspond (*hexis* en grec, *habitus* en latin) doit bien sûr être cultivée par l'exercice, voire rendue habituelle en une véritable façon d'être (*ethos*). Elle est solidaire d'un art de vivre, propre à faire de la pensée assumée dans ses plus fortes exigences le ressort et la lumière vive de cette façon d'être. L'*energeia*, c'est-à-dire le mouvement de réalisation de soi, comme processus faisant advenir une telle disposition, est comparable à l'œuvre d'un artiste : elle a son principe et sa fin en elle-même, et définit « la plus haute pratique ». C'est alors la réalité accomplie (*entelecheia*) qui s'exprime en sa plénitude idéale. Dans son rapport au temps, une telle réalisation de soi doit s'affranchir de la précarité et de la discontinuité des instants, pour accéder à l'ordre d'une réalité aussi durable qu'une saison. Et pas n'importe laquelle : le printemps, que ne fait qu'annoncer un vol d'hirondelle, mais qui marque symboliquement l'avènement de la vie en sa vigueur essentielle, comme en son affirmation assurée.

Le bonheur requiert donc la polyphonie, et l'harmonie des différents registres d'accomplissement, mais selon une hiérarchie intégratrice qui fait des accomplissements subalternes, non spécifiquement humains, des conditions sans lesquels l'accomplissement ultime, et propre à l'humanité de tout homme, ne pourrait advenir. D'un tel accomplissement, le bonheur est le signe effectif, l'état de satisfaction qui atteste l'actualisation optimale des potentialités les plus essentielles de l'être. Cette actualisation, et non peut-être le signe qui la traduit, est la véritable finalité de la conduite existentielle et de la recherche qui la sous-tend. Cela n'ôte rien à l'importance du bonheur, mais en fait autant un effet obtenu indirectement comme symptôme de l'accomplissement qu'un but recherché pour lui-même. Le bonheur ainsi compris semble indissociable d'une certaine réalisation de soi.

« Si l'activité de l'intellect, activité contemplative, paraît bien à la fois l'emporter sous le rapport du sérieux et n'aspirer à aucune autre fin qu'elle-même, et posséder un plaisir achevé qui lui est propre (et qui accroît au surplus son activité) ; si enfin la pleine suffisance, la vie de loisir, l'absence de fatigue (dans les limites de l'humaine nature), et tous les autres caractères qu'on attribue à l'homme jouissant de la félicité sont les manifestations rattachées à cette activité : il en résulte que c'est cette dernière qui sera le parfait bonheur de l'homme – quand elle est prolongée pendant une vie complète, puisque aucun des éléments du bonheur ne doit être inachevé » (*Éthique à Nicomaque,* livre X, chap. 7, 1177b).

On notera que le bonheur est ici tout à la fois couronnement et source, puisqu'il « accroît » l'activité, en ce sens que l'accomplissement réussi suscite un accomplissement plus poussé encore par l'état de contentement qu'il provoque. Tel est le cercle vertueux d'une dialectique positive que Spinoza retrouvera à sa manière, en insistant lui aussi sur l'interaction féconde entre la puissance d'agir et la puissance de comprendre. Aristote donne toutefois à un tel idéal d'accomplissement un caractère idéel en précisant qu'il ne vaut pour l'homme qu'en tant que celui-ci a quelque chose de divin en lui au regard du « composé humain » qui le constitue. La parfaite indépendance du sage, son *autarkeia* est de l'ordre d'un maximum qui ne peut être atteint que dans une certaine mesure, un optimum, compte tenu de la réalité effective de la condition vécue. Il faut sans doute entendre par là que la vie humaine est un mixte d'aspirations et de plaisirs dont une partie n'est pas spécifiquement humaine, tout en ayant son importance, et dont l'autre exprime le meilleur de l'homme, l'excellence de son humanité spécifique, promue pour l'occurrence à sa dimension divine. « Ce qui est propre à chaque chose est par nature ce qu'il y a de plus excellent et de plus agréable pour cette chose. Et pour l'homme, par suite, ce sera la vie selon l'intellect, s'il est vrai que l'intellect est au plus haut degré l'homme même. Cette vie-là est donc aussi la plus heureuse » (*ibid.*, 1178a).

Huitième leçon

Les exercices de la liberté

Devenir ce que l'on peut être

Les philosophes ne sont pas des héros. Tout au plus des exemples de ce que la vie humaine peut gagner à cultiver la lucidité. Leur art de vivre, dont on souligne à l'envi le caractère exemplaire, ils ne l'ont pas développé spontanément, par la seule vertu de qualités innées. Tout d'abord, ils s'y sont exercés, pour fortifier en eux des attitudes et des endurances qui n'allaient pas de soi au départ. La sérénité peut s'acquérir, comme une sorte d'habitude prise de relativiser ce qui doit l'être, de maîtriser ses réactions. Spinoza insiste sur le rôle de la raison pour comprendre les causes de ce dont nous souffrons. Mais il ne pense pas que la seule élucidation de ces causes puisse faire disparaître nos affections ou nos passions. Il y faut également une sorte de conversion de la personne, un devenir qui achemine vers la sagesse par des exercices propres à la cultiver.

À nouveau, la patience, non comme art de supporter, mais comme persévérance dans la construction de soi, d'un soi libre et maître de ses affections. Les exercices de la liberté ne visent pas celle-ci comme un état dont on pourrait jouir définitivement. Le bonheur ne peut pas se comprendre comme une denrée à consommer, toute prête, et inépuisable. S'exercer à l'usage de la liberté, c'est devenir plus libre, puisqu'on passe des simples possibilités, inscrites en tout homme, à une autonomie effective. Au programme, l'émancipation personnelle à l'égard de tout ce qui fait obstacle à l'épanouissement. Les exercices de la liberté font passer dans la réalité vivante de l'être humain l'ensemble des puissances qui sont en lui, en les réalisant comme des dispositions durables, des « habitudes », librement choisies et cultivées.

Tout commence avec le souci de soi, non par complaisance narcissique, mais simplement par la volonté de se tenir, au sens propre comme au sens figuré. La droiture se dit d'un être qui sait se tenir debout, et ne se dédit pas des engagements qu'il prend avec les autres, car alors il se déjugerait lui-même. Le lien du bonheur et de la morale, de façon d'abord insoupçonnée, se noue dans une telle exigence, qui fonde l'estime de soi aussi sûrement qu'elle ouvre à la compréhension d'autrui. Solitaire pour se construire ainsi, car nul ne peut le faire à sa place, l'individu se rend à la fois capable et digne de bonheur.

Il s'agit pour chacun, si l'on peut dire, de prendre possession de son être, et de lui donner ainsi toutes les chances du bonheur. Il lui faut pour cela dépendre le moins possible des choses qui ne sont pas en son pouvoir. La maxime stoïcienne invite à la force d'âme en même temps qu'à la liberté.

Les devoirs envers soi-même

Quelle vie voulons-nous vivre ? Se poser la question, telle quelle, est souvent salutaire. Le vertige du choix, l'hésitation entre deux voies qui semblent également désirables ont une sorte de gravité angoissante. Quand on ne peut trancher, quand on craint par avance d'avoir à éprouver la nostalgie des choix que l'on n'a pas su faire, une telle question est féconde. Elle invite à être clair avec soi-même. On apprend de soi des choses que l'on n'imaginait même pas, et surtout on fait un effort de lucidité qui enrichit les références intérieures de l'action. On s'étonne alors de découvrir que l'on vit comme si on avait répondu à une question essentielle, sans pourtant l'avoir jamais posée. Et sans avoir choisi, vraiment, de vivre ce qu'on vit. Étrange absence. La conscience était assoupie, et l'on dormait les yeux ouverts, comme dit Héraclite. Le premier devoir envers soi est tout simplement de savoir ce que l'on veut, vraiment, afin de donner à sa vie des buts qui soient aussi des repères. Cette conscience implique une joie de vivre minimale, sans complexe, débarrassée des culpabilisations indues.

Les devoirs envers soi ne relèvent d'aucun égoïsme au sens péjoratif du terme. Ils appartiennent bien plutôt à ce qu'Aristote invoque au titre du légitime souci de soi. Il est légitime en effet de prendre soin de soi, ne serait-ce que pour tenir son rôle auprès des autres, et leur apporter tout ce qu'on peut leur apporter. Ce soin est le signe d'un maintien qui vaut par lui-même. Prendre soin de son corps, s'installer dans la fraîcheur d'une nouvelle tenue, c'est un peu recommencer la journée, ou la vie du moment.

Le bonheur personnel irradie ; il est offrande aux autres, et seul le ressentiment ou la faiblesse qui se déguise en vertu peuvent en prendre ombrage. Le « bon égoïste », prenant soin de soi, se trouve justement aux antipodes du « mauvais égoïste », celui qui n'exclut les autres que parce qu'il conçoit pour lui-même une jouissance étriquée, voire une haine de soi plus ou moins consciente. Il faut bien sûr admettre que l'humanité est dotée d'une sociabilité naturelle, et qu'autrui est essentiel à l'accomplissement de soi. Chacun à sa manière, Aristote et Kant en conviennent, même si Kant nuance la chose en parlant d'« insociable sociabilité » pour caractériser l'ambivalence des hommes à l'égard d'un lien social trop souvent troublé par les conflits et l'injustice d'une histoire mal maîtrisée.

Reste que les devoirs envers soi ont pour finalité de se donner les conditions d'une vie d'homme, disposant de sa conduite, et suffisamment accomplie pour agir de façon libre. Ils enveloppent bien sûr le souci de se procurer tout ce qui assure la vie sur le plan matériel, et de la faire aussi bonne que possible : il ne s'agit pas seulement de survivre, mais de bien vivre, ce que précisait Épicure. Les mots grecs sont devenus suffisamment célèbres pour qu'on les cite ici. « *Zen* » : la vie. « *Eu zen* » : la vie bonne, accomplie.

Prendre soin de soi, c'est bien sûr prendre soin de son corps (santé physique) et de son apparence (élégance et beauté). Mais c'est aussi prendre soin de ses pensées, de sa conscience, en portant sa vie intérieure au meilleur d'elle-même. Le soin que l'on prend de ses pensées est multiforme, et il vise à se doter d'une lucidité durable, d'une expérience intime où le bonheur de vivre a laissé sa trace. Savoir retenir en sa mémoire ce qui peut aider à supporter les moments les plus durs, ou à tisser entre eux les souvenirs heureux pour garder confiance. Savoir oublier aussi, quand il le faut, pour « rafraîchir » la conscience, et lui permettre d'accueillir sans prévention les chances de la vie, en évitant le ressassement. Nietzsche souligne la vertu de l'oubli comme source de régénération qui ménage les chances du bonheur.

Au-delà de la survie et de la vie pleine qu'elle rend possible, le souci de soi recouvre la recherche de l'autonomie morale et intellectuelle, celle qui fait qu'on est « juge naturel de soi-même ». C'est ce que Kant appelle conscience, ou « juge intérieur », Rousseau en fait un « instinct divin », en affirmant que l'homme peut agir avec la conscience du bien et du mal. L'estime de soi est dès lors une condition essentielle de la paix intérieure, qui fait qu'on a plaisir à vivre, et qu'on se porte d'autant plus aisément vers autrui qu'on est en quelque sorte bien avec soi-même. Exigence éthique, au double sens du bien vivre et de la moralité. Celle-ci, en fin de compte, n'est pas tant une injonction extérieure qu'une façon d'être suffisamment épanouie pour se délivrer des hantises et des passions tristes. C'est alors tout naturellement qu'autrui est traité comme il le doit, et non par la violence d'un commandement qui ferait injure à l'heureuse affirmation de soi.

Les préférables et l'indifférence

Il est des biens dont il faut savoir user, tout en jugeant leur valeur à leur juste mesure. Ni trop grande, ni trop petite. L'enjeu est clair : ne pas devenir captif des choses et des désirs qui leur correspondent. Avoir des besoins et des désirs, ce n'est pas être absorbé par eux. Une certaine vertu d'indifférence est alors un bon contrepoids. Cultiver l'indifférence à ce qui n'est pas essentiel pour une vie d'homme, même si on prend plaisir à en user, c'est préserver une distance salutaire. Le moment venu, on saura l'apprécier. Les penseurs stoïciens ont poussé l'exigence jusqu'au paradoxe, et Plutarque s'en fait l'écho un peu moqueur. Comment qualifier en effet ces choses qui seraient tout à la fois « à prendre et non à choisir, appropriées (*oïkeia*) sans être des biens, inutiles et de bon usage, qui ne sont rien pour nous et sont appelées les principes de nos actions convenables » ? (*Des notions communes contre les stoïciens*, chapitre 23). L'ironie est facile, mais en l'occurrence elle ne prend appui que sur un faux bon sens. Peut-on feindre de ne pas vouloir distinguer des degrés d'importance dans les aspirations humaines et les objets qu'elles visent ? Dire de certaines choses qu'elles sont simplement préférables, ce n'est pas les dévaloriser, mais les situer dans une hiérarchie. N'est-il pas clair que le bon usage de la fortune gagnée à la loterie a plus de prix que la richesse inopinée elle-même ?

Du paradoxe à la leçon de liberté, il n'y a qu'un pas à franchir. Le monde ambiant ne se prête pas toujours aux désirs, ni même aux besoins. Épicure lui-même conseillait de s'habituer à se satisfaire de peu. Il ne voyait dans le luxe aucun mal en soi, mais un risque bien réel : créer une situation de dépendance. Il est plus facile d'assouvir ses besoins quand on a su les modérer. Ce constat de simple bon sens n'engage pas à l'austérité. Il accroît même le contentement d'un repas de fête, d'autant plus apprécié qu'il n'est pas ordinaire.

Les biens qui sont utiles à la vie sont aussi, très souvent, soumis à variation. La bonne fortune en décide. Mais la mauvaise aussi. Et nos propres humeurs, si changeantes, nous asservissent à eux, ou tendent à le faire. Inconstance. La santé, la richesse, la beauté, sont trop souvent prisées comme des absolus, et il n'y a pas loin de cet engouement à la détresse dès que l'un de ces biens vient à manquer. Un tel manque est plus que probable dans une vie d'homme, et il vaut mieux s'y préparer, sans faire vertu de cette précaution. On apprend ainsi à proportionner ses attachements et ses aversions, à ne pas se perdre. L'usage que l'on fait des biens préférables ne peut en être dissocié, et il importe davantage que ces biens eux-mêmes, de caractère souvent aléatoire.

Il est évident que la santé vaut mieux que la maladie, non seulement par le bien-être qu'elle procure, mais aussi par la liberté d'esprit qu'elle facilite. C'est pourquoi Descartes fait de la médecine l'auxiliaire de l'éthique, art de vivre en usant au mieux de sa liberté. Kant fait remarquer que la santé d'un homme peut le conduire à faire des imprudences qu'il paie très cher, en s'exposant par exemple à un danger que sa vigueur du moment l'a conduit à sous-estimer. L'usage raisonnable du bien jugé préférable est ici en jeu.

La richesse, également, vaut mieux que la pauvreté. Mais ce constat est un peu court. La Fontaine, évoquant les deux figures légendaires du savetier et du financier, montre le premier plus heureux car dégagé des soucis qui obsèdent le second. Une leçon de bonheur, à dédoubler en somme. Sachons gré aux dieux – ou au hasard de la bonne fortune – de nous offrir certains bienfaits. Mais apprenons à ne pas trop les désirer. Nous serons ainsi aussi libres que possible, car nous ne dépendrons pas de ce qui nous échappe. Et nous ne nous lamenterons pas si le sort semble rester insensible.

Connais-toi toi-même

La devise imputée à Socrate peut se lire de plusieurs manières. Le soi, c'est l'humanité pensante et libre dont toute personne est dépositaire, de façon singulière, il est vrai. C'est aussi, de façon plus immédiate, l'individu dont la subjectivité particulière entre en résonance avec une histoire unique. Se connaître soi-même, c'est donc aussi bien prendre la mesure de ce que l'on peut savoir et connaître, comme homme universel, que se révéler à soi-même un tempérament, et les éléments du vécu passé qui ont marqué le caractère. Bref, s'appréhender de deux façons. D'abord comme être singulier, affecté par des événements uniques, voire hanté par des attirances et des peurs qui prennent source dans une biographie dont on est seul, en fin de compte, à détenir les clefs. Ensuite comme être universel, capable en principe de comprendre et de faire ce que peut comprendre et faire tout homme. Le tout est de faire en sorte que cette biographie ne fasse pas obstacle dans le cheminement vers la plénitude de l'humanité dont on doit découvrir en soi la possibilité.

Se connaître soi-même, ce n'est donc jamais se figer dans l'image de soi que dicte le présent, avec le risque de renoncer à quelque chose d'essentiel si l'on érige les frustrations vécues en fatalités. Se connaître soi-même, c'est autant s'appréhender dans la lumière de l'idéal que tout homme héberge que se scruter avec réalisme et intransigeance. Les deux démarches sont vitales, et leur association l'est encore plus. Elle évite qu'on s'illusionne sur soi, mais aussi qu'on désespère de soi. C'est pourquoi les philosophes ont refusé résolument la réduction de la lucidité sur soi-même au seul message psychologique de l'introspection. Prisonnier des émotions et des sentiments du moment présent, le regard intérieur que désigne ce terme s'abîme trop souvent dans la souffrance affective. Il se prend au cercle vicieux qui naît lorsqu'on ne peut plus se sortir de ses obsessions.

Socrate, Descartes, Kant, Sartre, entre autres, invitent à l'exigence intellectuelle et au travail sur soi qui délivrent du moi immédiat, du soi empirique : en leur langage, ils plaident ainsi pour la mise au jour d'une ressource inestimable de l'humanité de chaque homme. Reprendre possession de la faculté de distance, du pouvoir de connaissance qu'on appelle raison, de ce sens commun à tous qui sait voir le vrai, saisir le beau, définir le juste, ce n'est pas nier ce que l'on est présentement, mais vivre dans un autre registre, qui délivre et fait espérer. La puissance de comprendre est une vocation essentielle de l'humanité, à tel point qu'Aristote y voyait ni plus ni moins que son excellence propre, sa réalisation optimale. La tension intérieure entre ce que l'on est et ce que l'on sait pouvoir être est sans doute une sorte d'inconfort ; mais elle déverrouille le vécu, et lui restitue ses plus belles perspectives.

Il faut donc oser penser par soi-même, en se servant de sa raison pour saisir non seulement ce qui est, mais aussi ce qui peut être. Le réel n'est jamais la chose définitive, indépassable. Il porte en lui son développement futur, comme le bourgeon porte la fleur et le fruit. Cette dialectique de la nature vaut a fortiori pour le devenir des hommes, et Hegel y voit l'objet même de la lucidité philosophique. Penser le possible sous et dans ce qui existe aujourd'hui, c'est aussi une exigence du réalisme. Une telle volonté de discernement n'a rien à voir avec le conformisme. Ainsi peut advenir le pouvoir effectif dont on dispose tant pour élucider le réel que pour agir sur lui. Il faut bien sûr comprendre les limites, pour éventuellement les dépasser. Être conscient des conditions et des exigences d'une pensée lucide, c'est se construire soi-même comme sujet, auteur de ses convictions et de ses initiatives.

Le bonheur d'être soi, pleinement, ne va pas dès lors sans la découverte que l'on fait en soi-même de la liberté. Liberté d'affranchir ses pensées des limites du vécu. Liberté qui s'ouvre son champ d'action en décelant le possible sous l'adversité apparente du réel. Liberté qui s'éprouve comme puissance de se faire soi-même, en se dégageant de tout ce qui semblait boucher l'horizon ou reproduire la lourdeur du passé.

La maîtrise de soi

Descartes envisage l'acquisition de cette maîtrise comme un exercice méthodique. Il s'agit de pratiquer activement la déliaison de principe de l'âme et des représentations ou des perceptions qui font pression sur elle. Cette frayeur qui me prend la nuit pour un grincement de porte, cette obsession d'une erreur passée qui assombrit ma vie, je dois m'en affranchir. Et je le peux, en usant de ma raison. Le seul fait d'analyser le bruit, de revoir les circonstances de l'erreur supposée change le statut de ce qui me paralysait. Je ne subis plus. Je réfléchis, et ce mouvement intérieur m'élève au-dessus de ce qui me tourmentait. Je peux alors passer à autre chose.

Convaincu de la puissance naturelle de la raison, restituée à elle-même par une saine méthode, Descartes tend à exclure toute idée de maladie de l'âme, ou d'impossibilité existentielle de la raison. Sauf dans un épisode très remarquable de sa correspondance avec Élisabeth de Bohême, avec laquelle il s'entretient du rapport entre liberté et vie passionnelle. Son illustre correspondante, avec sa pertinence habituelle, vient de lui adresser une sorte d'objection de type matérialiste où elle se réfère aux états qui empêchent le libre usage de la raison, voire en interdisent l'avènement. La réponse de Descartes ressemble à une concession, en forme de restriction, dont la portée est décisive : « comme, lorsque j'ai parlé d'une béatitude qui dépend entièrement de notre libre arbitre et que tous les hommes peuvent acquérir sans aucune assistance d'ailleurs, vous remarquez fort bien qu'il y a des maladies qui, ôtant le pouvoir de raisonner, ôtent aussi celui de jouir d'une satisfaction raisonnable ; et cela m'apprend que ce que j'avais dit généralement de tous les hommes, ne doit être entendu que de ceux qui ont l'usage libre de leur raison » (*Correspondance avec Élisabeth*, Lettre du 1er septembre 1645, GF-Flammarion, p. 124). On remarque, au niveau des mots soulignés (« tous les hommes »), que *l'universalité de principe* (humanité et liberté s'impliquent réciproquement) ne se traduit pas dans une *universalité de fait*, puisque des hommes, sans cesser d'être tels, peuvent être effectivement privés de l'usage libre de leur raison. Et la contrainte en jeu n'est pas alors *externe* (comme dans le cas d'un interdit autoritaire, ou même d'un conditionnement). Elle est *interne* à la conscience elle-même. Ainsi, la présence à soi du sujet éthique, capable de choisir vraiment sa façon d'être et de vivre, ne se trouve pas d'emblée donnée, ou pas toujours. Il faut donc en penser les conditions et l'avènement, tant sur le plan social que sur le plan psychologique, et enfin sur le plan intellectuel.

L'ambiguïté du diagnostic est cependant à prendre en compte. En réfléchissant sur les « passions de l'âme », Descartes tend à leur donner le statut de quelque chose qui advient à l'âme (du fait de son union avec le corps), mais nuance maintes fois ce statut d'extériorité en précisant que l'union substantielle de l'âme et du corps forme « comme un seul tout », et que l'âme *sent* intérieurement, au même titre qu'elle pense, ce qui lui « advient » : la douleur éprouvée lors d'une blessure n'est pas une simple observation comparable à celle que pourrait faire un pilote de navire lorsqu'il se rend compte, par exemple, que le mât se brise (Descartes, *Sixième Méditation Métaphysique*). Si le « je » comme instance du sujet rationnel – et affectif – fait un avec le corps, le maintien de sa distinction n'est pas celui d'une faculté séparée, et peut se comprendre comme le repérage d'une fonction de la pensée parmi d'autres auxquelles elle est liée sans leur être confondue (le désir et le sentiment, par exemple).

Descartes envisage-t-il, en réponse à Élisabeth, que cette fonction puisse varier en liaison avec l'état général de l'être (et non seulement du corps, puisqu'il ne qualifie pas le type de maladie qui peut affecter l'usage libre de la raison) ? Son refus de toute mise en tutelle du jugement humain le conduit à insister obstinément sur le caractère indissociable de l'humanité et de la raison. Cette raison, qui est principe de liberté, ne peut être à ses yeux qu'inaliénable. Une telle insistance est bien compréhensible, après tant de discours théologiques sur l'infirmité humaine et sa compensation nécessaire par une autorité qui la surplombe. Descartes, dans la même lettre, poussait si loin l'identification de l'humanité, de la raison et de la liberté qu'il allait jusqu'à écrire : « Nous ne pouvons répondre absolument de nous-mêmes que pendant que *nous sommes à nous*, et c'est moins perdre la vie que de perdre l'usage de la raison » (Lettre du 1er septembre 1645, citée p. 134). Descartes frôle ici l'invocation de la théorie stoïcienne du suicide dit rationnel : la vie vaut-elle la peine d'être vécue si elle ne peut s'accomplir comme une vie humaine digne de ce nom ? Le droit de mourir dans la dignité, c'est-à-dire dans la présence à soi de la conscience, est le corollaire de la soif de bonheur qui fait qu'on aime la vie, mais qu'on ne consent pas à n'importe quelle vie. Descartes ouvre aussi une autre voie, qu'empruntera Spinoza. Il faudra alors considérer ce qui n'est pour lui qu'un cas limite, une négation en acte exceptionnelle, comme un cas ordinaire. C'est le cas des hommes entièrement dévolus au régime délirant de la peur et de la superstition, de la fluctuation de l'âme qui, si elle ne relève pas de la pathologie, atteste une condition pour ainsi dire infrahumaine. Pour eux comme pour tout homme, la voie de la libération est à penser et à mettre en œuvre.

Neuvième leçon
La vertu des plaisirs

« Des principes pour vivre bien »

C'est ainsi qu'Épicure, dans sa *Lettre à Ménécée*, entend qualifier les préceptes qu'il tire de sa philosophie, tournée vers ce qui peut tout à la fois ravir et apaiser. Il appartient à l'homme de faire usage de sa raison pour conduire ses choix. Il faut pour cela partir de ce qui est, de l'ordinaire d'une expérience commune. La vie ne peut échapper d'emblée aux aléas d'une temporalité agitée, source de troubles et d'inquiétudes. Toutefois, on y repère aisément les moments de bien-être, et leurs sources.

Plaisir… Le mot fait signe vers tous les registres de la conscience et de son aventure. Plaisirs du corps, doux et forts, intenses et presque imperceptibles, à fleur de sensation et d'émotion. L'eau coule lente et fraîche sur les rondeurs nues, la caresse tressaille en réponse à la main qui l'invente, le fruit se glisse entre les lèvres, le soleil évadé des nuages s'épanche sur chaque mouvement. Voluptés, jouissances neuves, douceurs familières. Plaisir d'union et de fusion, chaleur intime et toucher en frissons, qui mêle et exalte. Plaisir de l'âme, qui s'ouvre et accueille, qui vibre dans les mots, qui se promène en elle-même. Plaisir des pensées qui se répondent, des savoirs qui se découvrent, de la vie intérieure qui s'affranchit du lieu et du moment. Plaisir d'un rêve et d'un souvenir, d'une espérance et d'une remontée vers l'enfance, d'un sourire en mémoire et d'un projet qui parfait ses contours. Plaisir nostalgique d'une quête d'absolu, d'un paradis intérieur, d'une action enthousiaste, d'une balade avec l'ami, d'une fête préparée, d'une matinée qui retient le temps pour en jouir. Plaisir d'une rencontre et d'une halte inopinée devant un paysage ou un tableau sans âge.

Il y a la quiétude. Puis le tourment du désir. La succession est étrange, et souvent bonne, par elle-même. La mémoire est un mélange, qui les tient sous son regard. Y retrouve-t-on la quête du bonheur ? Oscillations. Une existence de quiétude indéfinie n'aurait guère les couleurs de la vie. Mais une destinée marquée sans cesse par la tourmente des désirs n'aurait sans doute guère de sens. De la chair surprise par la douleur ou le plaisir, de la conscience blessée ou comblée, du désir désiré dans l'étreinte du silence, il n'y a que des témoignages épars. On se laisse traverser par le multiple. Présent à soi et pourtant ravi, emporté comme ailleurs qu'en soi. Dans l'attente incertaine et malgré tout dans la vive émotion d'une magie présente. Comment vivre ? Que faire ?

Épicure définit la philosophie comme « une activité qui, par des discours et des raisonnements, nous procure la vie heureuse » (cf. Sextus Empiricus, *Esquisses pyrrhoniennes*, V, 169). La fin de la vie est bien le bonheur, dont les contours sont d'abord incertains. Il faut se fier dès lors à ce qui est incontestable. Le plaisir est à la fois le principe et la visée constante de la vie bienheureuse. Lucrèce énonce un constat, qui est tout un programme. La formule latine est belle : « *Voluptas, dux vitae* » (« Le plaisir, guide de vie ») (*De la nature*, II, 172). La *Lettre à Ménécée* précisait le sens d'une sorte de confiance en forme d'invitation : « Nous disons que le plaisir (*hèdonen*) est le principe et la fin de la vie heureuse. » Si la philosophie épicurienne du bonheur (en grec *eudaimon*) est une philosophie du plaisir, si le bonheur se fonde sur le plaisir et en fait sa pierre de touche, c'est que la nature se prononce elle-même, en quelque sorte, par la sensation qu'elle privilégie. « Pour démontrer que le plaisir est la fin (*telos*), Épicure se sert du fait que les vivants, dès qu'ils sont nés, s'y complaisent, et sont hostiles à la douleur, cela naturellement et sans discours » (Diogène Laerce, livre X, 37). L'épicurisme est bien un naturalisme, en ce qu'il cherche à régler la conduite de la vie sur des tendances explicitées comme pleinement légitimes et naturelles.

La première règle est de ne jamais différer le moment d'être heureux : « Nous sommes nés une fois, il n'est pas possible de naître deux fois, et il faut n'être plus pour l'éternité : toi, pourtant, qui n'est pas de demain, tu ajourneras la joie : la vie périt par le délai, et chacun de nous meurt affairé » (*Sentence vaticane*, 14). Attentif à l'invitation contenue dans la beauté des choses, le poète prend le relais du philosophe : « Le bonheur est dans le pré. Cours-y vite, cours-y vite. Le bonheur est dans le pré. Cours-y vite. Il va filer » (Paul Fort).

Le bonheur par le plaisir

Le principe de plaisir est vital, littéralement. Il est au cœur d'une vie accomplie et heureuse. Il est à l'œuvre dans la recherche du bien-être et de l'accomplissement. On cherche le plaisir comme ce qui permet de jouir de la présence au monde sans trouble ni douleur. L'*ataraxia*, état de l'âme sans trouble, et l'*aponia*, état du corps sans douleur, ouvrent aux mouvements agréables des plaisirs multiples. En retour, ces façons d'être en tirent ce qui les renforce. Cette dialectique est celle de la sagesse heureuse. Jouisseuse et jouissive, sereine et résolue à vivre pleinement. L'existence affirme son équilibre, qui devient un repère dynamique. On va jouir de soi et du monde, de la tendresse et de l'amitié, de la lumière qui livre le secret des phénomènes, et de bien d'autres choses encore.

Quand le corps dispose du nécessaire, qui finalement est aisé, il jouit d'un équilibre qui est source de quiétude et de bien-être. Ce plaisir d'être est dit par Épicure constitutif (*catastématique*). Il correspond à la fois à une réalisation optimale de soi et au contentement qui lui est associé. Une telle sorte de joie, essentielle, est une jouissance plus durable et plus profonde que les « plaisirs en mouvement » qui se produisent au jour le jour. Elle ne s'oppose nullement à eux, mais leur donne au contraire du relief. Le plaisir de vivre est une disposition fondamentale qui permet d'accueillir les divers plaisirs et de les éprouver en tout ce qu'ils apportent. Il s'en nourrit dans une interaction féconde. Ce cercle vertueux fonde un bel art de vivre, qui permet de priser le repos et le mouvement, la tension et la détente. Il marque toute la personne de son sceau, en profondeur.

C'est que la liberté de celui qui *éprouve* du plaisir est la condition de son autonomie entière, de son indépendance. Il n'est pas asservi aux désirs qui pressent et insistent, qui obsèdent et tourmentent. Il jouit d'une plénitude d'accomplissement que les Grecs appellent « *autarkeïa* ». Un tel état d'autosuffisance est quasi divin, car l'homme n'est que rarement affranchi ainsi de toute dépendance extérieure. L'autosuffisance en question n'implique aucun égoïsme, mais permet de délier les individus de toute servitude, et ouvre la voie à la libre affirmation de l'amitié (*philia*). « L'amitié fait le tour du monde et nous convie tous à nous réveiller pour la vie heureuse » (*Paroles d'Épicure*, 52, Hermann, Paris, 1965, p. 130).

Épicure n'est pas si loin sur ce point des philosophes cyrénaïques, qui « n'avaient pas rougi de poser le souverain bien dans le plaisir qui meut les sens avec le maximum de douceur, en négligeant l'autre, l'absence de douleur » (Cicéron, *Des fins des biens et des maux*, II, XIII, 39). La joie (*cara*) et la gaieté (*eufrosunè*) sont tenues pour des plaisirs en mouvement, qui contribuent au bonheur dès lors que le sage sait en user avec discernement, c'est-à-dire pour conforter sa liberté et son affirmation de soi. L'idée essentielle est que la plénitude ne peut s'éprouver que dans l'absence de trouble : elle délivre alors une véritable sensation de bien-être. Elle va de pair avec la sagesse pratique. Ainsi, on n'obtient que ce que l'on vise vraiment, et non pas un effet qui n'est pas désiré pour lui-même.

Descartes a bien vu le sens de l'éthique épicurienne du plaisir, et clairement écarté les contresens dont elle a pu faire l'objet : « Épicure n'a pas eu tort, considérant en quoi consiste la béatitude, et quel en est le motif, ou la fin à laquelle tendent nos actions, de dire que c'est la volupté en général, c'est-à-dire le contentement de l'esprit : car, encore que la seule connaissance de notre devoir nous pourrait obliger à faire de bonnes actions, cela ne nous ferait toutefois jouir d'aucune béatitude, s'il ne nous en revenait aucun plaisir » (À Élisabeth, 18 août 1645). Et Descartes de faire remarquer dans la même lettre que cette éthique de la volupté ne peut être confondue avec une apologie de la débauche, car la raison humaine veille à bien distinguer des plaisirs authentiques les faux plaisirs. Une raison précieuse pour identifier les plaisirs amers, notamment ceux qui s'accompagnent de troubles et de maux. Une raison qui veille à ce que la vie ne soit pas envahie par le tourment et l'absence de sérénité.

L'arithmétique des plaisirs

Quant à l'exigence de juste mesure dans le rapport au plaisir, elle tient au seul souci d'éviter la souffrance. Chaque fois qu'elle survient, alors qu'elle n'était à l'évidence pas désirée, cette souffrance signe un aveuglement. Celui qui boit à l'excès et tombe malade souffre plus qu'il n'a joui. C'est de la connaissance de soi, et notamment de ses limites personnelles, que doit résulter l'adaptation de la juste mesure. Nulle condamnation morale de la débauche et de l'excès n'est en jeu ici, mais cette simple observation qu'on n'a pas su s'y prendre pour n'obtenir que le plaisir et non son contraire. Les lendemains de fête sont quelquefois pénibles, lorsque l'individu dégrisé est pris par des souffrances qu'il n'a pas voulues pour elles-mêmes, mais qui sont la conséquence nécessaire des excès de la veille. L'évitement de la souffrance suppose qu'on garde la mémoire de ce que peut entraîner la démesure, afin d'en éclairer la conduite, tout en restant disponible à la valeur de l'instant. La frénésie du plaisir qu'on pourrait appeler *hédonisme débridé* n'est pas une faute, mais, si l'on peut dire, une erreur de méthode. C'est pourquoi elle n'appelle aucune condamnation de type moral.

Le souci de soi-même (*epimeleia heautou*) donne lieu à des exercices qui sont comme une technique d'apprentissage de l'indépendance à l'égard des variations de la fortune, un « art de l'existence » (*technè tou biou*). L'adage ordinaire, qui est aussi formule d'amitié, est bien connu : « Prends soin de toi. » Il va de pair avec un autre adage, célèbre depuis Socrate : « Connais-toi toi-même. » Une telle connaissance, conduite et menée à bien de l'intérieur de chaque personne, est la condition rationnelle pour fonder le soin de soi. Elle vise en effet l'être singulier, et cela importe pour la maîtrise des désirs qu'on appelle tempérance (en grec *sophrosunè*). Un tel savoir doit conjuguer des connaissances générales, une mémoire personnelle, une expérience intime, un sens de l'opportunité, une lucidité sur l'état présent : bref, il n'a rien d'abstrait, et doit s'ancrer dans l'observation attentive. Il a bien quelque chose du calcul, mais il relève aussi de l'intuition la plus directe, la plus pure, la moins perturbée par les convenances et les conventions du moment. Nul conformisme mondain ou moral n'est alors de mise. Si par exemple je sais d'expérience qu'en période d'intense fatigue je ne peux boire de vin sans courir le risque de violents maux de tête, je m'abstiens. Si en revanche ma bonne forme me permet de le faire sans risque jusqu'à concurrence de deux grands verres, je me limiterai à cette quantité : je prendrai ainsi tout le plaisir possible à boire ce vin, et j'éviterai la souffrance qui me ferait regretter le plaisir lui-même en cas d'excès. Cette arithmétique des plaisirs est d'un bon vivant, mais qui sait être austère, ou simplement sobre, non par commandement abstrait ou moralisateur, mais par lucidité.

Pour l'exemple, on peut évoquer les épreuves d'abstinence que pratiquaient aussi bien les disciples d'Épicure que les stoïciens. Pour la philosophie épicurienne de l'arithmétique des plaisirs, le but était de montrer qu'un plaisir parfait était accessible par le plus sobre assouvissement des besoins élémentaires, et qu'il n'avait rien à envier aux raffinements du luxe et du superflu. Il ne s'agissait pas de disqualifier toute bonne chère, mais d'établir les aspirations ordinaires à leur niveau le plus propice à une authentique autonomie. « Rien de trop » est alors le conseil raisonnable. On peut ainsi se préserver des frustrations qui ne manquent pas de surgir lorsqu'on s'est habitué à une abondance excessive, et qu'un beau jour on ne se trouve plus en mesure de se satisfaire. Sénèque rapporte dans la lettre 18 (§ 9) qu'il arrivait à Épicure de diminuer volontairement sa ration de nourriture pour savoir dans quelle mesure cela réduisait le plaisir. Quant aux stoïciens, ils entendaient s'exercer à toute privation, et encourager la pensée à se défaire de tout ce à quoi elle accorde de la valeur par le seul effet de l'opinion ou de l'habitude contractée, voire des préjugés ambiants. L'idée forte est que le sage ne peut rien perdre d'essentiel, car il le détient en lui-même s'il sait rester libre, en supprimant autant que possible les occasions de dépendance. Une bonne thérapeutique contre l'aliénation moderne que représente la publicité. Pour éviter d'être malheureux du fait qu'on ne possède pas un bien dont on n'avait pas même idée ce matin, il faut savoir se rappeler que certains désirs n'ont rien de nécessaire.

Éros et le soin du désir

Reste la forme captivante et captive du désir, que la recherche des jouissances cherche à entretenir. Selon

Xénophon, Socrate insistait sur le rôle de la montée du désir pour porter à son maximum le plaisir éprouvé : « La faim, la soif, le désir amoureux (*aphrodision epithumia*), les veilles sont les seules causes du plaisir que l'on a à manger, à boire, à faire l'amour, à se reposer, et à dormir, lorsqu'on a attendu et supporté ces besoins jusqu'à ce que la satisfaction en soit aussi agréable que possible » (*Mémorables*, IV, 5, 9).

L'amour du plaisir est donc aussi en un sens l'amour du désir. Augustin décrivait comme une servitude intérieure ce que le risque de vivre assume plutôt comme une tension heureuse, source de plaisirs espérés. On désire désirer, on aime aimer. « *Amabam amare* », disait-il de sa vie de plaisir et de désir, antérieure à la conversion religieuse. Les chrétiens opposent à l'emportement jouisseur du désir érotique l'amour délivré des émotions de la chair, et en ce sens, à leurs yeux, totalement désintéressé, qu'ils appellent *agapè*. Amour sans condition, qui donne sans espoir de retour, et qui s'assortit non de plaisir, mais de béatitude morale, contentement de l'âme. Mais la même liberté peut s'atteindre dans la jouissance partagée, et accrue par la conscience de ce partage. Le plaisir sexuel s'enrichit de l'amour porté à l'autre, ou tout simplement du désir de le faire jouir, et de le viser comme sujet désirant. La morale ne peut objecter alors qu'Éros est captation intéressée et réduction d'une personne à un simple moyen. Le plaisir de la caresse, externe et interne, s'accomplit dans la libre rencontre de deux corps, voire de deux cœurs, et il mêle les consciences mutuellement attentives dans l'émotion qui le décuple.

Dans le *Banquet*, Platon évoque le désir amoureux comme conscience d'un manque, et captation imaginée du corps de l'autre. Éros, c'est le désir passionné de l'autre, la tension vive pour s'unir à lui et jouir de son contact, l'impulsion fusionnelle qui conduit à ne vouloir faire qu'un avec lui. Le plaisir intense de l'union se précède lui-même dans la représentation de ce qui attire, et dans la tension qui mobilise alors toute la personne. Bref, le plaisir s'anticipe dans le désir, et c'est pourquoi la conscience d'un manque, paradoxalement, se fait plaisante au point qu'on l'entretient jusqu'à l'exaltation. Mille fois rêvée avant de s'accomplir effectivement, l'union sexuelle désirée se love dans les variations infinies de l'imagination, et c'est tout le plaisir de la représentation qui se déploie ainsi, dans les moiteurs de la vie intérieure. Descartes ajouterait que ce plaisir original, propre à un être capable de représentation, atteste la liberté intérieure, qui fait que l'on se donne à soi-même la possibilité d'être affecté agréablement, de se ravir à loisir, sans être toutefois prisonnier comme on le serait d'une passion. Plus tard, Kant soulignera dans une perspective complémentaire le rôle de la feuille de figuier, qui permet de « rendre une inclination plus forte et plus durable, en retirant son objet aux sens » (*Conjectures sur les débuts de l'histoire*, édition citée page 115). C'est ici l'imagination qui opère, et décuple le désir, tout en faisant jouer la libre représentation de son objet, d'autant plus valorisé et désiré qu'on doit s'en faire une image.

L'amour passion, *eros*, se vit comme désir érotique, et se distingue du sentiment de bienveillance déliée pour l'autre, *philia*. Les deux ne sont pas nécessairement contradictoires : le plaisir de la chair n'a rien de coupable dès lors qu'il est reconnu comme aussi naturel que le boire ou le manger. C'est sans doute ce que voulait exprimer la provocation de Diogène le Cynique, lorsqu'il se masturbait sur la place publique, lançant à qui voulait bien l'entendre que le plaisir sexuel n'avait rien de moins naturel que le boire et le manger, et que personne ne se trouvait choqué de voir un homme se nourrir devant tout le monde.

L'amour comme conscience d'inachèvement dépasse la finitude individuelle. Il invite l'humanité à son mode propre d'accomplissement. Le mythe de l'androgyne primitif – créature asexuée ou plutôt riche des attributs des deux sexes – donne à l'amour-passion le sens métaphysique d'une quête de l'unité perdue : coupé en deux par la volonté de Zeus, l'androgyne est comme un symbole et une référence d'accomplissement. La légende grecque situe dans cet androgyne primitif (l'homme-femme, selon l'étymologie) une puissance primordiale dont le Dieu des dieux ne pouvait que prendre ombrage. Il réunit les deux figures essentielles de la vie, et leurs attributs respectifs : principe féminin et principe masculin sont alors fondus dans l'évidence d'une réalité naturelle. Après avoir été disjoints par Zeus, les deux êtres feront sans cesse retour l'un vers l'autre, comme hantés par l'unité première. Enlacés jusqu'à ne faire qu'un, ils disent la plénitude d'une existence forte, qui se suffit à elle-même.

L'amour des amants séparés vise toujours à reconstituer ce modèle où s'abolit toute distance. Il se vit comme une sorte de promesse divine, à prolonger dans l'au-delà, ou dans la mémoire des hommes comme un exemple de passion indestructible. Héphaïstos, selon Platon, s'adresse aux amants en ces termes : « Votre souhait n'est-il pas de vous fondre le plus possible l'un avec l'autre en un même être, de façon à ne vous quitter l'un l'autre ni le jour ni la nuit ? Si c'est bien cela que vous souhaitez, je consens à vous fondre ensemble et à vous transformer en un seul être, de façon à faire que de ces deux êtres que vous êtes maintenant vous deveniez un seul… » (*Le Banquet*). Descartes a exprimé quelque chose de cette incomplétude ressentie : « Avec la différence de sexe, que la nature a mise dans les hommes ainsi que dans les animaux sans raison, elle a mis aussi certaines impressions dans le cerveau, qui font qu'à un certain âge et en un certain temps, on se considère comme défectueux et comme si on n'était que la moitié d'un tout dont une personne de l'autre sexe doit être l'autre moitié : en sorte que l'acquisition de cette moitié est confusément représentée par la nature comme le plus grand de tous les biens imaginables » (*Les Passions de l'âme*, 90). Et Descartes ajoute avec malice que « la nature ne fait point imaginer qu'on ait besoin de plus d'une moitié ».

La recherche de l'absolu

D'abord préoccupé de dépasser la finitude humaine vers l'absolu, Platon n'entend pas prendre en compte le fait que le désir et son assouvissement sont des sources de plaisir et à ce titre ont une valeur en soi, qui n'a pas besoin de justification extérieure. Il cherche plutôt à faire d'Éros un moyen de passage vers la beauté absolue, celle qui transcende tout objet beau, qu'il s'agisse d'une belle œuvre d'art, d'un beau corps ou d'une belle âme. Expériences fortes, à réunir dans ce qui les intègre pour les dépasser, dans cet étrange absolu qui se divulgue dans les choses sans cesser d'être lui-même. Éros captive pour délivrer, dans une ascension qui donne accès à l'absolu. Un tel dépassement réduit chaque expérience de la beauté, et la jouissance dont elle s'assortit, à une simple étape. On pourrait remarquer ici que l'expérience même du plaisir, par la façon d'être qu'elle révèle à l'homme qui en jouit, permet d'atteindre à une sorte d'absolu, voire réalise cet absolu. C'est ce que soulignent les philosophies qui font du plaisir une fin en soi, et la réalité effective du bonheur. Mais Platon ne la lit que dans la perspective du seul plaisir essentiel à ses yeux : le contentement qu'apporte l'effort pour saisir l'absolu.

Un tel effort se retrouve dans le « délire amoureux », ainsi appelé par Platon parce qu'une sorte d'enthousiasme fou arrache les amants à la réalité immédiate, et les transporte vers le bien absolu, par la médiation de la déesse de l'amour, Aphrodite. Des amants ainsi rivés l'un à l'autre et s'élevant vers l'absolu, « les dieux ont voulu le suprême bonheur » (*Phèdre*, 245b).

Bonheur par la juste mesure. Bonheur par la démesure. L'excès et le défaut ne sont donc pas condamnables en soi, car le souci des limites n'a de sens qu'au regard de ce qu'on veut vraiment. Pourquoi la joie ou le plaisir devraient-ils se limiter, et refluer devant les injonctions d'une tempérance abstraite, en toutes circonstances ? La transgression des limites de l'instant, de la situation, fait partie des jouissances. L'expérience fusionnelle de l'amour, l'illimité du fou rire, la réitération jusqu'à épuisement du plaisir portent l'être aux confins de lui-même, et c'est une sorte d'expérience de l'infini qui vient l'habiter. Il se laisse alors traverser par la multiplicité des jaillissements et des ivresses. Il chavire et se laisse ravir, pour se réveiller bientôt dans la nostalgie heureuse des emportements et des fièvres, des traversées fulgurantes et des grands vents glacés qui exaltent la chaleur de la vie. Le bateau ivre peut-il revenir sagement au ponton ?

Rimbaud :

« J'ai rêvé la nuit verte aux neiges éblouies,
Baisers montant aux yeux des mers avec lenteur,
La circulation des sèves inouïes,
Et l'éveil jaune et bleu des phosphores chanteurs ! »

QUATRIÈME PARTIE

LE BONHEUR D'AGIR

Récit

La peste et la révolte

Oran, au cœur du XXe siècle. Albert Camus imagine le fléau qui s'empare de toute la ville. La peste se répand. Elle est comme la maladie des maladies, l'épreuve radicale de la souffrance qui submerge tout. Mal humain, trop humain, et qui pourtant semble surgir obscurément de la nature, de sa fragilité native. La peste, maladie si légendaire qu'elle a pu devenir le symbole du mal absolu, est dans l'ordre des choses naturelles, mais elle est aussi de la responsabilité des hommes. Le manque d'hygiène, la misère, les violences donnent au fléau son ampleur. À la fin d'un livre où s'exprime une philosophie du bonheur et du plaisir, Lucrèce évoquait une autre peste, celle d'Athènes, bien réelle celle-là, et il y voyait aussi comme une allégorie de la condition humaine, lorsqu'elle s'affronte à ce qui ne dépend pas d'elle, et vérifie l'ambivalence de la nature. « Tout d'abord existent des atomes de maintes choses qui nous sont salutaires, mais il faut bien aussi que volent mille germes de maladie et de mort ; quand par hasard ils s'unissent et perturbent le ciel, l'air devient morbide » (*De la nature*, VI 1098).

L'action s'impose alors, sans condition ni exigence à l'égard du destin. Sans récrimination paralysante à l'égard de ce qu'on imagine être la Nature, ou le dieu qui la commande. Accepter la vie, ce n'est pas refuser ce qui l'accompagne, et cette dualité tragique doit être assumée. La souffrance est-elle imputable à l'homme, et à lui seul ? Il est clair qu'en agissant contre elle le médecin Rieux témoigne contre la fatalité. L'action humaine fait appel de toute mort annoncée, de toute souffrance insupportable. Pour ceux qui semblent destinés à la mort, le docteur tente un nouveau vaccin. Lutter, pour soulager, sinon pour guérir. Dans l'hôpital, Rieux ne cesse de prodiguer les soins ; c'est le lieu des larmes et des gémissements, où toute la misère du monde semble s'être concentrée. La condition humaine y vit tragiquement sa faiblesse et sa limite. Qui pourrait nourrir une vision idyllique dans cet univers où les cris de détresse se démultiplient ? Le médecin agit pourtant, de malade en malade, d'homme en homme, d'enfant en enfant. Il n'a pas besoin pour cela d'un grand récit de justification du mal et d'exhortation morale au bien. La maladie n'appelle pas l'illusion lyrique d'un combat exaltant. Elle nécessite, simplement, une « lutte morne ». Il ne s'agit pas de faire de grands gestes, mais d'agir, dans un contexte où le mal, devenu quotidien, presque banal, use les courages, voire restaure l'indifférence, par lassitude. Métaphore de la vie désespérée, la peste ravive les superstitions, les refuges imaginaires. Mais elle donne aussi l'occasion aux hommes de résister, de signer l'humanité par l'héroïsme ordinaire qui se déploie sans phrases, sans pause intérieure ou extérieure. Le docteur Rieux et son ami Tarrou côtoient la mort et s'installent dans un univers de contagion du mal, sans s'arrêter aux risques ni aux efforts de tous les instants qu'il leur faut assumer. « Ce qui est naturel, c'est le microbe. Le reste, la santé, l'intégrité, la pureté, c'est un effet de la volonté, et d'une volonté qui ne doit jamais s'arrêter. » Ainsi, le désespoir n'a pas le dernier mot. Relais et dépositaires de la vie qui veut continuer, de l'être qui s'obstine à respirer du fond de sa souffrance, les hommes d'action ne s'endurcissent que pour donner sens à ce poignant désir de vivre. Cette éthique, au quotidien, dit l'essentiel de la grandeur que l'homme manifeste dans l'épreuve radicale.

Rien dès lors ne saurait justifier l'injustifiable : la souffrance de l'enfant ne fait pas que dépasser la faculté de comprendre, elle tombe sous le coup de la révolte. On ne peut consentir à la figure meurtrie de l'innocent. Au chevet d'un enfant à l'agonie, le docteur voit le cri se figer dans une bouche ouverte à jamais. Cet enfant-là, au moins, était innocent. Et le scandale de la souffrance absurde devient une ombre portée sur tout effort, sur toute lutte pour affirmer quelque chose comme un sens de la vie. Révolte. Comment vivre ensuite le bonheur de l'action qui permet d'éprouver un pouvoir de faire, de se grandir de ce que l'on fait ?

Un terrible dialogue s'engage entre le médecin aux ambitions modestes et le prêtre qui consacre le mal comme un mystère indépassable, propre à tenir tout homme en respect, voire un châtiment voulu par Dieu pour rappeler à lui les hommes oublieux. Rationalisation étrange, aux antipodes d'un amour gratuit, sans condition. Les hommes souffrent, et mesurent ainsi leur faiblesse insigne. Mais peut-on faire de la souffrance ainsi subie une pédagogie de l'absolu ? Et ne vaut-il pas mieux accepter la vie comme ce composé de souffrance et de joie qu'il appartient de combiner dans la meilleure proportion possible, plutôt que d'y voir une faiblesse indépassable ? Le père Paneloux, après la mort de l'enfant, s'adresse à Rieux : « Cela est révoltant parce que cela passe notre mesure. Mais peut-être devons-nous aimer ce que nous ne pouvons pas comprendre. » À quoi le docteur rétorque : « Non, mon père. Je me fais une autre idée de l'amour. Et je refuserai jusqu'à la mort d'aimer cette création où des enfants sont torturés. »

L'action presque sereine du docteur contraste par son calme apparent avec l'accablement général. Il y a là une patience sans autre ambition que de rendre l'humanité à elle-même. Car la souffrance, à un certain degré, est mutilation. Elle s'assortit d'une privation presque inexorable de bonheur, dont on perd jusqu'à l'idée. Pour juger de la misère ainsi faite, il faut revenir à la célébration du monde ensoleillé, de la mer tiède qui accueille le corps du nageur, du plaisir qui remonte des sens jusqu'à la conscience. Camus décrit ce moment de bonheur en contraste : le docteur Rieux et son ami Tarrou s'arrachent à l'enfer, pour un bain de mer qu'ils goûteront ensemble, par amitié, pour un « plaisir digne ». « Peu avant d'arriver, l'odeur de l'iode et des algues leur annonça la mer. Puis ils l'entendirent. Elle sifflait doucement au pied des grands blocs de la jetée… Ils s'installèrent sur les rochers tournés vers le large. Les eaux se gonflaient et redescendaient lentement. Cette respiration calme de la mer faisait naître et disparaître des reflets huileux à la surface des eaux. Devant eux, la nuit était sans limites. Rieux, qui sentait sous ses doigts le visage grêlé des rochers, était plein d'un étrange bonheur » (*La Peste*, IV). On pense ici à ce qu'écrit Camus dans *Noces à Tipasa* : « J'avais bien joué mon rôle. J'avais fait mon métier d'homme et d'avoir connu la joie tout un long jour ne me semblait pas une réussite exceptionnelle, mais l'accomplissement ému d'une condition qui, en certaines circonstances, nous fait un devoir d'être heureux. Nous retrouvons alors une solitude, mais cette fois dans la satisfaction. »

Dixième leçon

L'éthique du bonheur

La conversion au bonheur

La philosophie, à la fois comme souci de lucidité et comme art de vivre mettant en œuvre pratiquement l'aspiration au bonheur, invite à penser le bonheur comme une certaine façon d'être, ou si l'on veut une manière de vivre. C'est le sens premier du terme grec *ethos*, qui a donné éthique, et que retient Spinoza pour son œuvre majeure. L'éthique est la réflexion sur la manière de vivre, et elle s'oriente, bien sûr, vers la meilleure façon d'être et de vivre pour s'accomplir, pour être heureux. On voit ainsi que le bonheur, plus que la possession définitive d'un état idéal, se définit comme l'agrément essentiel d'une sorte d'aventure, celle des hommes engagés dans leur affirmation de soi.

Kant disait que l'homme ne peut viser directement un modèle achevé du bonheur, mais qu'il peut au moins se rendre digne du bonheur. Cette dignité est à entendre en un double sens. En premier lieu, la dignité de l'homme afin qu'il puisse au moins se poser la question du bonheur. En second lieu, la dignité accomplie effectivement par la conduite éthique, façon de vivre l'humanité commune en son rapport à soi comme aux autres. Éthique comme art de vivre conduisant au bonheur et morale comme ajustement de la façon d'être personnelle aux conditions de la vie sociale et de la concorde commune peuvent d'ailleurs aller de pair. Épicure, le philosophe du plaisir de vivre, et Kant, le penseur de la vertu morale comme liberté pratique, ne seraient pas à cet égard opposables l'un à l'autre.

Le bonheur ne se décrète pas, ni dans son contenu effectif, ni même dans les modalités qui y conduisent. En revanche, la philosophie peut contribuer à l'édification existentielle du bonheur. Elle se comprend alors comme processus d'avènement de la raison, et condition d'une conduite maîtrisée, permettant au désir d'être de tout homme de s'assumer pleinement. Mais il faut penser l'enclenchement d'une telle dynamique à partir d'une vie d'abord opaque et déconcertante, fluctuante et imprévisible.

Dire je. La conquête de soi

Le sujet capable de se donner à lui-même et de réaliser par sa vie son idéal d'accomplissement existe-t-il d'emblée, quelles que soient les conditions ? N'advient-il pas plutôt par un travail d'autoaffirmation, de construction patiente de soi ? L'indépendance authentique de la personne et sa plénitude ne se conquièrent que dans et par une diversité de rapports, de situations existentielles favorables à l'épanouissement. Il faut donc en multiplier les occasions.

Freud, attentif à tous les facteurs de blocage intérieur qui compromettent l'avènement d'un sujet psychologique disposant de sa vie affective au lieu d'être asservi à elle, a voulu penser sans angélisme les conditions du bonheur. Pour l'auteur de *Malaise dans la civilisation*, le bonheur ne peut résider que dans l'équilibre établi graduellement entre les pulsions du désir et les exigences de la vie sociale, ce qui suppose un processus de construction du sujet affectif permettant l'intégration harmonieuse de polarités souvent contradictoires. « Là où était le ça, je dois advenir » (*wo Es war, soll Ich werden*) (*Nouvelles Conférences sur la psychanalyse,* III, *La personnalité psychique*). Le « ça » recouvre l'ensemble des pulsions originaires, des impulsions premières de l'homme, qu'il lui appartient de convertir en désirs ou en aversions en prenant conscience de ce que son être vise ou rejette pour s'accomplir. Le moi est une formation de compromis où se joue la prise en charge de ces pulsions selon les exigences de la vie sociale et plus largement de la réalité. La personnalité psychique se constitue par la succession plus ou moins dramatisée des expériences existentielles et des sédimentations qui s'opèrent à leur occasion. Cette naissance progressive du sujet fait de son identité une sorte d'histoire, « identité narrative » plutôt que réalité figée d'une nature prédéfinie déployant ses caractères. La conscience est bien une conquête, et même un processus de graduelle mise au jour d'exigences propres à structurer la conduite. Le *je* qui doit advenir, ce n'est pas un moi étriqué, rivé à ses hantises ou à ses frénésies, mais la personne assumée dans la conscience élargie de ce qu'elle peut, et de ce qui s'ouvre à elle pour qu'elle s'épanouisse. L'effort de lucidité sur soi doit assumer le désir d'être, et les richesses d'abord insoupçonnées de la nature humaine, manifestée dans tous ses registres.

Quant à la raison, elle n'intervient pas comme une puissance toute constituée, telle Minerve surgissant tout armée du cerveau de Jupiter, au sein de la conscience. On pourrait d'ailleurs se demander alors d'où elle viendrait. Elle se dégage par le mouvement d'élucidation de l'expérience humaine, telle qu'elle se vit d'abord dans la spontanéité d'une tendance à la conservation de soi. L'*effort pour persévérer dans l'être* cher à Spinoza sous le nom latin de *conatus* relève d'un dynamisme propre. Cette spontanéité, pour un être comme l'homme, capable de distance réflexive, s'assortit d'une appréhension graduelle des exigences de la lucidité. En partant de l'identification pratique du bien véritable, Spinoza décrit, dans le *Traité de la réforme de l'entendement*, l'émergence d'une esquisse de démarche rationnelle à partir des multiples déceptions d'une vie livrée aux fluctuations de la fortune, et de ses biens incertains. Si la faiblesse de l'homme ne lui permet pas encore de concevoir l'ordre de la nature, dont tout dérive, elle ne l'empêche pas de concevoir « une nature de beaucoup supérieure en force à la sienne », ni de chercher à l'atteindre, et qui serait une sorte de modèle d'accomplissement conçu à partir des tendances de la nature humaine (Spinoza, *Traité de la réforme de l'entendement*, trad. A. Lécrivain, 2003, GF-Flammarion, p. 73).

Il y a là un choix philosophique par excellence, qui considère la sagesse comme le mouvement même d'élucidation du réel et des principes de l'action. La raison, dès lors, n'a rien d'une faculté distincte et préexistante. Elle peut se comprendre comme la rigueur propre d'un tel mouvement, une sorte de chemin par lequel s'institue graduellement la puissance rationnelle de la pensée. Une conquête de soi par soi. Rapportée au désir d'être qui définit l'essence de l'homme (Spinoza, *Éthique III*, proposition 9, scolie), elle n'en diffère pas essentiellement : elle en est la modalité réfléchie, assumant en pleine conscience les exigences qui lui permettent de s'accomplir. « Quelle est cette nature ? Nous montrerons en son lieu qu'elle est assurément la connaissance de l'union qu'a l'esprit avec toute la Nature (*Traité de la réforme de l'entendement, op. cit.*, p. 73).

Liée à un corps unique, ou si l'on veut à un point de vue singulier, l'âme tend en effet à ne former que des idées confuses, mutilées, en lesquelles s'exprime la domination qu'exercent les causes extérieures. Mais s'élevant à l'intelligibilité ultime d'une nature totale comprise selon ses lois, elle forme des idées adéquates par lesquelles elle se délivre de cette sujétion, ou du moins modère son emprise. Cette mutation de point de vue, par sa dynamique même, tend vers un idéal d'intelligibilité parfaite, où l'âme pensante en vient à s'éprouver, du point de vue de la nature entière, comme lui étant unie. Trajet exemplaire, qui conduit le sage à la générosité. Celle-ci consiste à vouloir que tous les hommes progressent également dans cette direction émancipatrice, source de bonheur. Le partage de la lucidité est aussi la conscience vive de ce que les hommes peuvent les uns pour les autres. Pouvoir d'autant plus fort que leur connaissance est plus parfaite, et leur liberté ainsi mieux affirmée. Le bonheur qui ainsi est entrevu et cultivé définit une véritable façon d'être, un art de vivre.

Le bonheur vertueux

Spinoza s'insurge contre la triste superstition qui enjoint de mépriser les plaisirs sous prétexte qu'ils détourneraient de la conduite morale, et de la pensée authentique. Concevoir l'un et l'autre comme les mouvements d'un esprit désincarné est intenable à ses yeux. De même, la spiritualité religieuse bien comprise n'implique nullement la disqualification du monde humain. Le plaisir est à la fois sensation et conscience de bien-être. Son évidence est une sorte de témoignage muet de l'être tout entier. Montaigne remarque la dimension voluptueuse des actes qui satisfont le besoin. L'état de contentement qui suit est une sorte de jouissance par l'être de lui-même, dont Épicure remarque qu'elle est constitutive du bonheur. Accomplissement, sérénité, jubilation douce d'une sorte de remplissement. Il s'agit en quelque sorte de faire le plein de ce qu'apporte la présence au monde lorsqu'elle n'est entravée par rien et que les désirs qu'elle héberge n'ont pas d'autre sens que de pousser l'être à jouir de lui-même. Une telle réalisation de soi n'a rien d'immoral, mais porte bien plutôt à la vertu. La vertu des plaisirs réside dans l'épanouissement de l'être, et l'ouverture à l'autre qui l'exprime. Contagion salutaire, qui bientôt fait partager le goût du plaisir. On est loin des superstitions de l'abstinence, passion triste où s'exprime une sorte de renoncement à la vie.

Kant critique avec vivacité ceux qui croient renforcer leur vertu par la souffrance qu'ils s'infligent à eux-mêmes, comme font les religieux anachorètes (c'est-à-dire « qui se retirent » loin de tout) et ceux qui se livrent à la macération (c'est-à-dire à la pénitence et à l'ascétisme radical). Il parle à ce sujet des « formes grimaçantes de la vertu » (*Anthropologie du point de vue pragmatique*, Vrin, page 131). Il rejoint sur ce point la critique par laquelle Spinoza dénonce la superstition de l'abstinence et le dénigrement des multiples plaisirs de la vie.

L'articulation du souci de lucidité et du bonheur est donc décisive dans une éthique du plaisir. Elle le sera également dans un art de vivre consistant à cultiver la liberté, et à en faire bon usage. L'idéal de lucidité se retrouve au cœur de la conception des passions humaines par Descartes, comme dans son souci de définir le souverain bien. Une lettre célèbre met au premier plan la volonté d'évaluer à leur juste mesure les biens possédés et ceux qui font défaut, et d'éviter toute illusion en la matière. Le 6 octobre 1645, Descartes écrit à Élisabeth pour évoquer une alternative tenue pour réelle par l'opinion commune, et en redéfinir complètement les termes. « Je me suis quelquefois proposé un doute : savoir s'il est mieux d'être gai et content, en imaginant les biens qu'on possède être plus grands et plus estimables qu'ils ne sont, et ignorant ou ne s'arrêtant pas à considérer ceux qui manquent, que d'avoir plus de considération et de savoir, pour connaître la juste valeur des uns et des autres, et qu'on devienne plus triste. Si je pensais que le souverain bien fût la joie, je ne douterais point qu'on dût tâcher de se rendre joyeux, à quelque prix que ce pût être, et j'approuverais la brutalité de ceux qui noient leurs déplaisirs dans le vin, ou les étourdissent avec du pétun(tabac). Mais je distingue entre le souverain bien, qui consiste en l'exercice de la vertu, ou (ce qui est le même), en la possession de tous les biens, dont l'acquisition dépend de notre libre arbitre, et la satisfaction d'esprit qui suit de cette acquisition. C'est pourquoi, voyant que c'est une plus grande perfection de connaître la vérité, encore même qu'elle soit à notre désavantage, que l'ignorer, j'avoue qu'il vaut mieux être moins gai et avoir plus de connaissance. » Bref, la lucidité vaut mieux que l'euphorie liée à l'illusion, et ce d'autant plus que la joie dont celle-ci s'assortit a quelque chose d'amer, car on ne peut se mentir vraiment à soi-même. La fuite dans l'ignorance ne dispense qu'un faux bonheur, qui ne peut exister qu'à la surface des choses. Descartes encore : « Ainsi je n'approuve point qu'on tâche à se tromper, en se repaissant de fausses imaginations ; car tout le plaisir qui en revient ne peut toucher que la superficie de l'âme, laquelle sent cependant une amertume intérieure, en s'apercevant qu'ils sont faux » (*ibid.*).

L'exigence de lucidité va de pair avec le souci d'un vrai bonheur, qui ne soit pas d'illusion, c'est-à-dire aussi précaire que fragile, et prompt de ce fait à laisser place au désespoir. Une autre lettre de Descartes à Élisabeth, datée du 18 août 1645, rappelle les trois grandes conceptions antiques du souverain bien, et dégage leur part de vérité respective. Épicure, Zénon le stoïcien, et Aristote sont ainsi convoqués, et Descartes se reconnaît en chacune d'elle. L'affirmation de la liberté y joue en effet un rôle essentiel pour l'approche du bonheur. L'autonomie éthique d'Épicure, la vertu du sage stoïcien qui sait tenir à distance tout ce qui le dessaisirait de sa liberté, la synthèse aristotélicienne de « toutes les perfections dont l'homme est capable » vont en fait dans le même sens. Et Descartes peut en recueillir l'apport dans sa conception de la générosité.

Estime de soi et respect d'autrui

Dans la mesure où la lucidité consiste à identifier les choses qui dépendent de l'homme, elle est mise en jeu par l'estime de soi, et le souci de responsabilité dont elle s'assortit. Seules sont susceptibles d'être blâmées ou louées les actions qui relèvent du libre arbitre, et sont à ce titre imputables à leur auteur. Se savoir sujet, c'est-à-dire capable de faire ou de ne pas faire, c'est jouir d'un pouvoir et d'une distance. Descartes dira que le plus grand contentement de la vie provient du bon usage du libre arbitre. Jouir d'une telle puissance, et prendre conscience de la positivité de cette puissance, c'est, littéralement, s'affirmer. « Le vrai office de la raison est d'examiner la juste valeur de tous les biens dont l'acquisition semble dépendre en quelque façon de notre conduite, afin que nous ne manquions jamais d'employer tous nos soins à tâcher de nous procurer ceux qui sont, en effet, les plus désirables » (Lettre du 1er septembre 1645 citée p. 134). L'action du généreux n'a pas à combler un vide ou un manque, comme dans l'éthique religieuse de la finitude. Elle n'est pas réactive, car elle découle d'une affectivité de la liberté. En insistant sur la liberté originaire des hommes *comme tels*, la métaphysique cartésienne a le mérite de dégager un noyau de sens qui éradique toute légitimation théologico-politique de l'ordre établi. La référence, en dernière instance, est la plénitude d'un pouvoir proprement humain, indérivable en son ordre. De la liberté, Descartes va jusqu'à dire qu'elle rend l'homme « semblable à Dieu » (Descartes, *Principes de la philosophie*, I, art. 39).

Le généreux unit confiance et distance, et l'estime de soi ne le détourne nullement des autres. Bien au contraire. Le contentement intérieur qui procède de la conscience de la liberté est un affect positif, qui encourage au bon usage de cette liberté. L'âme, libre de former ses jugements, se découvre également libre de disposer des actions. De la générosité comme passion de la liberté à la vertu qui est volonté de vouloir bien et fermement, il y a une sorte d'auto-institution du sujet qui se dispose graduellement à une indépendance optimale, mais aussi à la reconnaissance de l'indépendance foncière des autres hommes. Une telle disposition ouvre à la concorde et à l'amitié d'autant plus facilement qu'elle délie les hommes de toute sujétion. La définition cartésienne de la générosité mérite ici une citation intégrale : « Ainsi je crois que la vraie générosité, qui fait qu'un homme s'estime au plus haut point qu'il se peut légitimement estimer, consiste seulement, partie en ce qu'il connaît qu'il n'y a rien qui véritablement lui appartienne, que cette libre disposition de ses volontés, ni pourquoi il doive être loué ou blâmé sinon pour ce qu'il en use bien ou mal ; et partie en ce qu'il sent en soi-même une ferme et constante résolution d'en bien user, c'est-à-dire de ne manquer jamais de volonté pour entreprendre et exécuter toutes les choses qu'il jugera être les meilleures. Ce qui est suivre parfaitement la vertu » (Descartes, *Les Passions de l'âme*, III, art. 153).

Le bonheur est donc liberté. Il se vit à cet égard comme plénitude, et ouvre à l'action morale. Soyez heureux, pour être vertueux : maxime épicurienne. Soyez vertueux pour être heureux : maxime stoïcienne. Les deux maximes ont leur vérité. La première dit la force de l'accomplissement de soi et son enjeu pour que soit possible un sentiment de respect pour tout homme, dépositaire d'humanité. La seconde invite à réaliser en soi cette humanité libre, impassible devant les causes extérieures, œuvrant avec justice pour tout ce qui dépend d'elle. Un tel accord avec la nature universelle comme avec la nature spécifique de l'humanité est la vertu même, et le contentement qui en découle est propre à fonder le bonheur. Dans un cas comme dans l'autre, l'humanité de l'homme est traitée de façon désintéressée, comme une fin en soi. On retrouve alors la maxime kantienne, à cela près que pour Kant l'exigence éthique prend la forme d'un impératif catégorique. Il faut traiter l'humanité comme fin, par pur devoir de le faire, et non par calcul. L'intérêt bien compris, pour Kant, ne peut être un ressort de la morale. En revanche, l'idée d'une communauté humaine où tous se prennent mutuellement pour fins de leurs actions permet d'envisager une des conditions sociales du bonheur de chacun. La vertu de chacun joint alors à son contentement habituel la joie qui résulte d'une confiance accordée à autrui, et au monde humain qui héberge la vie personnelle. Le fameux « royaume des fins » est un résultat possible, sans être un but direct de l'acte moral, puisque celui-ci doit être désintéressé. Si Kant se démarque du cercle vertueux du bonheur et de la vertu, c'est qu'il oppose, à la différence des Grecs, l'intérêt bien compris, et le pur désintéressement. L'évocation de l'éthique de la liberté des stoïciens permet de dépasser une telle opposition.

Les trois disciplines

Sénèque écrit à Lucilius une nouvelle lettre, la cinquante-troisième. Des méditations sur les exercices qui haussent l'homme jusqu'à toute la perfection dont il est capable, le philosophe tire une conclusion saisissante. L'homme est supérieur à Dieu lui-même, au moins sur un point. Dieu, tout puissant et toujours serein par définition, est exempt de toute peur. Mais il l'est par nature. L'homme sage, lui, l'est également, mais par sa seule force. Dans son opuscule *De la vie bienheureuse*, Sénèque donne une idée très haute de l'impassibilité que la sagesse en acte permet de conquérir : « Ni douleur, ni espérance, ni crainte ne peuvent amoindrir, si peu que ce soit, le règne du Souverain Bien » (§ 15). On songe, par comparaison, à la sagesse inspirée de Bouddha, qui recommande le néant d'excitation comme condition de la sérénité parfaite. Nirvana. Un nom étrange et doux, qui a la clarté presque immobile d'une rivière infiniment lente, et résonne avec le néant. Reste à savoir si la vie tendant vers cette absence d'excitation ne tend pas ainsi vers sa négation, ou si l'on veut sa limite inférieure, celle de l'inertie des pierres.

L'idéal dit toujours plus que le réel accessible et, qu'il tende vers Dieu ou le néant, l'homme ne peut faire l'économie du périple sensible. D'où la nécessité de s'exercer à la liberté dans les trois grands registres de cette vie tourmentée, où le monde ne manquera pas de l'assaillir, par sensations et représentations multiples, par sollicitations et tentations du désirable, par provocation à l'action vive et aux impulsions.

La première discipline est celle du *jugement*, par lequel on décide du sens qu'on donne aux choses, ou plutôt aux représentations que l'on en forme. Elle suppose que l'âme, entendue comme le principe des pensées, est libre de juger comme elle l'entend. Un tel principe est « directeur » (*hegemonikon*), en ce qu'il tient les rênes de l'assentiment qu'il donne ou refuse aux représentations. Cette rame plongée dans l'eau me paraît brisée, mais je juge qu'elle ne l'est pas, ce qui atteste ma liberté à l'égard de l'illusion. Et me voilà délivré de toute passivité dans mon rapport au monde. Se laisser affecter, contaminer, par une passion ou une obsession, c'est avoir relâché l'exigence de me tenir en moi-même, à distance. L'homme est ainsi responsable de ses abandons… Il y a là une extraordinaire découverte : celle de la possibilité que nous avons de transformer notre regard sur le monde. En la cultivant, en l'exerçant, on pourra s'affranchir des jugements de valeur sur ce qui ne dépend pas de soi. On dédramatisera ainsi les phénomènes de la nature. Les épicuriens y parviennent par la connaissance des lois naturelles. Pour l'heure, il suffit de voir que les choses ne sont en elles-mêmes ni horribles ni redoutables, et que de tels attributs ne sont que projections apeurées. En tenant à distance les qualificatifs anthropomorphiques, on se délivre soi-même de toute angoisse, et l'on se donne la chance de redécouvrir les beautés de la nature restituée à sa nudité sauvage. Marc Aurèle : « Si l'on se passionnait pour les êtres de l'univers, si on en avait une intelligence plus profonde, il n'est sans doute nul d'entre eux qui ne paraîtrait une agréable créature » (*Pensées III, 2*, édition de la Pléiade, *Les Stoïciens*, Gallimard, p. 1152).

La discipline du jugement, ou de l'assentiment, rend possible celle du désir. Celle-ci consiste à refuser de désirer toute chose autre que celle qui est rendue possible par la totalité de la nature, comprise selon les lois de son mouvement d'ensemble. Ce volontarisme s'appuie sur le jugement, et sa discipline propre. Après avoir éclairé le déterminisme de l'Univers, il s'agit donc de régler ses désirs de telle façon qu'ils adviennent en accord avec lui. Tout refus est vain : autant chercher à retenir avec ses seuls bras la force impétueuse d'un attelage de dix chevaux lancés à toute vitesse. Cicéron le rappelle de façon saisissante : « Le destin guide celui qui consent à lui volontairement ; il traîne celui qui se refuse à lui. »

Enfin, la discipline du vouloir consiste à s'insérer dans l'ordre cosmique en assumant activement sa responsabilité d'homme, et la façon spécifique dont il peut intervenir, en tant que tel, dans le monde. C'est ma nature spécifique d'être humain que je dois garder en mémoire dans mon initiative, tout en la conjuguant avec la nature universelle. Il me faut donc agir en vue du bien, de mes semblables, et contribuer ainsi à l'harmonie de l'Univers.

Amitié universelle et cosmopolitisme

Cicéron affirme qu'il existe une loi toute naturelle de « bienveillance universelle » propre à fonder la société sur la référence à l'unité du genre humain : « Les hommes sont confiés par la nature les uns aux autres : par cela même qu'il est un homme, un homme ne doit pas être étranger à un autre homme » (*Des biens et des maux*, III, XIV, 63). D'où, à titre d'orientation régulatrice, l'idéal d'une communauté des profits et des dommages (*idem*, III, XXI, 69). « Entre amis, tout est commun. » Une façon de dire ce que peut être le domaine du partage qui s'applique aux relations interhumaines, sans nécessairement recouvrir la totalité des aspects de la vie, puisque chaque personne conserve son quant-à-soi et peut se ressaisir dans la solitude. C'est dire que la solidarité cosmopolitique, à l'échelle du monde entier, fonde un devoir de solidarité, d'assistance mutuelle. Cette *philia* passe par la médiation de la raison et le partage que rend possible le langage : communication, discussion, exercice dialogué du jugement.

C'est à ce niveau que se formule un humanisme admirable. Rien de ce qui est humain ne m'est étranger, et la solidarité universelle du genre humain prime sur toute appartenance particulière. On voit que notre consentement à ce qui ne dépend pas de nous nous permet de nous concentrer sur notre tâche d'hommes, et de l'assumer au mieux : l'action humaine se déploie alors dans le souci de la justice (en grec *dikaiôsuné*) due à tout homme, à l'humanité entière. D'où une division du travail essentiel au bonheur de tous autant qu'au sien propre : « Impassibilité, en tout ce qui concerne les événements venus d'une cause extérieure. Justice dans les actes dont tu es toi-même la cause » (*Pensées*, IX, 31, édition citée, page 1218). Marc Aurèle l'empereur, disciple de l'esclave Épictète, s'élève par les trois disciplines de la liberté à la noblesse d'un cosmopolitisme éclatant, qui embrasse l'ensemble de l'humanité. Il formule pour la première fois dans l'Histoire l'universalisme éthique et politique dont s'inspireront plus tard les projets d'émancipation humaine et les déclarations des droits de l'homme : « Il est utile à chaque être de se conformer à sa constitution et à sa nature propre ; or ma nature est celle d'un être raisonnable et sociable ; ma cité et ma patrie, comme Antonin, c'est Rome ; et, en tant qu'homme, c'est le monde » (*Pensées*, VI, 44, p. 1187). Bel héritage de l'Antiquité païenne.

Conclusion : le paradoxe du comédien

L'image du théâtre de la vie résume l'idée que le sage stoïcien se fait de son rôle d'homme. Il faut le jouer, mais avec cette distance intérieure qui tient à ce que jamais on n'oublie qu'on joue. On évitera ainsi de ressentir en soi-même les passions que l'on incarne, ou de les ressentir trop profondément. Le jeu du comédien, rappelle Diderot, vient d'abord de la tête, et non du cœur, même s'il peut arriver qu'on se laisse prendre à ce jeu. L'engagement peut être entier, sincère, et même en un certain sens il doit l'être, car rien ne doit être laissé au hasard dans le domaine d'action qui nous échoit. Mais aucune amnésie ne doit nous conduire à nous prendre au sérieux, à nous laisser envahir au point que la distinction de l'homme et du personnage social cesse, et cesse de produire ainsi ses effets bénéfiques : distance, tolérance, refus de toute morgue, respect de l'autre comme un égal, quelle que soit la position hiérarchique. Comme dit l'homme Marc Aurèle, à l'occasion empereur, il ne faut pas « césariser ». La leçon ne sera pas oubliée. Montaigne, on le sait, tient avec force à ne pas se laisser confondre avec le maire de Bordeaux. La chemise n'est pas la peau, dira-t-il aussi. Ainsi s'accomplit le jeu de la sérénité et de la liberté, de la distance et de l'engagement. Un équilibre entre impassibilité souveraine et justice agissante fonde ici une belle éthique du bonheur.

Du rappel de la condition commune à tous les hommes on peut tirer une éthique de l'égalité qui fonde le respect universel. S'adressant aux grands de ce monde, Pascal les met en garde contre toute tentation d'user de leur pouvoir en oubliant cette égalité primordiale : « ... Vous devez avoir [...] une double pensée ; [...] si vous agissez extérieurement avec les hommes selon votre rang, vous devez reconnaître, par une pensée plus cachée mais plus véritable, que vous n'avez rien naturellement au-dessus d'eux. Si la pensée publique vous élève au-dessus du commun des hommes, que l'autre vous abaisse et vous tienne dans une parfaite égalité avec tous les hommes ; car c'est votre état naturel » (Premier *Discours sur la condition des Grands*).

Onzième leçon

Le bonheur d'agir

La sagesse de l'agir

Le bonheur ne peut s'acquérir comme un bien dont on jouirait une fois pour toutes. Il n'advient pas par une sorte de conversion instantanée à un état de sérénité, d'absence de troubles, qui romprait sans retour avec les tourments de l'existence. C'est que ceux-ci insistent et persistent, car ils font partie de l'aventure humaine, et tissent le temps dont elle est faite. Vivre est un art, mais les règles n'en sont pas aisées à définir, et restent toujours insuffisantes au regard de la diversité des situations. Un principe de vie peut avoir une portée générale, mais il doit s'incarner dans des situations toujours singulières, voire uniques. D'où le rôle du jugement, c'est-à-dire de l'acte de pensée qui saisit cette singularité, afin d'indiquer à l'action le moment opportun, et de dessiner sa modalité la plus efficace. Ce qu'Aristote appelle le « *kairos* », l'occasion propice, indique bien le souci qui prévaut dans la traduction concrète de la sagesse. On parlera de sagesse pratique, de sagacité, pour désigner ce sens de l'occasion opportune, cette attention à l'originalité de chaque situation, soucieuse d'en tenir compte au mieux dans la conduite de l'existence. Le mot grec *phronèsis*, utilisé si couramment par Aristote, recouvre une telle sagesse, qui met en jeu une approche raisonnée, et une délibération intérieure sur les meilleurs moyens d'agir. On le traduit souvent par « prudence », mais le terme est trompeur si on croit pouvoir identifier ainsi une conduite sans audace. Le sens de l'opportunité n'exclut nullement le courage de l'initiative.

Agir avec à propos, c'est exactement se conformer à l'originalité d'un moment, à l'inédit d'une circonstance. C'est faire preuve, dans le sens que donnaient les Anciens à ce terme, de prudence. Celle-ci n'a rien de pusillanime : elle n'exclut pas l'audace, mais la met en œuvre à bon escient. Thémistocle, à la tête d'une flotte grecque de trois cents navires, décide d'attaquer à Salamine les mille navires perses, mais il assortit cette initiative d'un stratagème destiné à neutraliser l'avantage numérique de l'adversaire. Il livre bataille de façon à réduire à néant l'avantage du nombre. Il sait donc choisir le bon moment, mettre à profit le lieu et la disposition respective des flottes : sa « prudence » est à la fois calcul raisonnable et intrépidité. Et il remporte la victoire sur Xerxès. Victoire décisive pour sauver l'indépendance des cités grecques. Une compétence stratégique abstraite, à elle seule, n'aurait pas suffi. Il fallait la conjonction de plusieurs facteurs. D'abord, une détermination à agir, qu'assume la volonté, comprise comme faculté de faire ou de ne pas faire, et appelée pour cette raison « puissance des contraires » par Aristote. Il fallait aussi une capacité de délibération intérieure, la pensée qui juge, afin de peser et de soupeser le pour et le contre, en l'occurrence, concernant la décision d'attaquer ou non, et la façon de le faire. Simultanément devait intervenir cette sagacité qui permet de prendre la mesure exacte d'une situation singulière et de la configuration de données qui la constitue. À n'en pas douter, la réunion de telles dispositions signe une sagesse acquise, disposition durable à force d'être cultivée. Pour les réalités humaines, une part de contingence est toujours à prendre en compte, qui ouvre à l'initiative son domaine propre. Les guerres ne sont pas fatales, non plus que les famines. La sagesse du réel est aussi invention du possible. En juin 1914, la paix était encore possible, quoique improbable. Le courage de Jaurès est de jouer à fond cette carte du renoncement au langage des armes. Il en meurt, mais l'exemple est quant à lui impérissable. Nulle guerre n'advient à la façon d'une tempête soudaine et irrésistible Le malheur que les hommes s'infligent à eux-mêmes n'a donc rien de fatal.

Puissance de comprendre et puissance d'agir

Pour agir efficacement, il faut comprendre. Et pour comprendre, l'action elle-même fournit des repères souvent essentiels. Il y a quelque chose d'exemplaire dans la dialectique spinoziste de la puissance de comprendre et de la puissance d'agir.

Le chemin de la raison commence, difficile, dans une différence salutaire entre la temporalité des affections qui secondent la puissance d'agir et celle des affections qui l'entravent. L'expérience de la vie joue à cet égard un rôle décisif. Les affections de l'imagination, liées à l'évanescence des objets sensibles, à leur variation incessante, s'usent plus vite que celles qui relèvent des progrès dans la connaissance, et développent la puissance d'agir. Le soi intérieur s'enrichit des secondes, même s'il est tourmenté par les premières. Les acquis de la connaissance rationnelle se singularisent par leur force et leur prégnance : ils tranchent sur l'inconstance des représentations de l'imagination. Toute progression dans l'accomplissement du désir d'être s'assortit d'une joie durable, et promeut de ce fait la puissance de comprendre. Et celle-ci rend possibles de nouvelles progressions, en accentuant la part active de l'expérience humaine au regard de la passivité qui résulte de la domination des causes extérieures. Cercle vertueux, qui s'enclenche comme une dynamique de la libération.

Une véritable économie psychique de la joie émancipatrice se met en place graduellement, qui tend à faire refluer l'éthique morbide de la superstition et la dénégation du plaisir vital qui l'accompagne. Telle est la raison, en son éveil d'abord tourmenté. Elle naît quand se systématisent les premiers acquis de la connaissance et des traces affectives qui correspondent aux progrès de la puissance d'agir. Ces joies durables de la liberté en marche sont si bonnes qu'elles aident à surmonter les passions tristes. La raison est joyeuse en somme, car elle soutient un rapport ferme avec le désir, essence de l'homme, et connaît ce dont il procède, à savoir la nature entière. Le bonheur s'inscrit dans la nature totale, un peu comme chez les stoïciens. Mais l'idéal de *convenientia*, harmonie avec la nature, prend ici le sens d'une compréhension optimale de ce qui fonde l'affirmation de soi dans la nature totale. Il faut comprendre celle-ci dans sa productivité indéfinie. La connaissance ultime des choses tend à faire cesser l'extériorité ressentie entre l'homme singulier et la configuration globale des êtres où il s'insère. C'est pratiquement une intériorisation dynamique de ce qui sous-tend le rapport au monde qui s'accomplit alors.

Un texte remarquable explique cette perspective. Dans la quarante-cinquième proposition du quatrième livre de l'*Éthique*, Spinoza décrit l'effort qu'accomplit l'homme en cours de libération pour multiplier les figures du rapport au monde qui lui donnent l'occasion d'éprouver des passions joyeuses et d'accroître sa puissance d'agir. La diversification de l'expérience, sa richesse pluridimensionnelle permettent de rompre avec le confinement dans la passivité d'une vie passive et unidimensionnelle (Spinoza, *Éthique*, IV, proposition 45, scolie, p. 263). L'auto-construction de la rationalité est l'effort pour s'affranchir du hasard des rencontres, de l'imprévisibilité d'une vie simplement subie. Ainsi se systématise graduellement l'organisation d'une vie aussi soustraite que possible à la précarité. Viendra la joie, *laetitia*, signe et source d'un accomplissement de soi bien engagé.

Les passions joyeuses

C'est une telle dynamique, d'abord simplement esquissée, qui permet de sortir progressivement du régime de déraison, de crainte et de sociabilité conflictuelle. Une véritable transition éthique s'accomplit, qui permet de passer d'un régime de vie à un autre, de décupler simultanément la puissance de comprendre, celle de jouir et d'agir. Joie du passage. « La joie est le passage à une plus grande perfection. » La perfection, c'est la réalisation aboutie de l'être. Un tel idéal est immanent à la vie de chacun. Les conditions d'une vie interhumaine à la fois raisonnable et amicale sont remplies à mesure que cette « transition éthique » progresse. L'amour du prochain ne ressortit plus à une compassion de type religieux, mais prend sens par rapport à la compréhension de ce qui peut faire obstacle à son accomplissement.

L'homme devenu raisonnable, et soucieux de former la concorde où son accomplissement personnel entrera en réciprocité positive avec celui d'autrui, ne peut désormais haïr celui qui vit encore sous l'emprise de la haine ou du ressentiment – car ces passions tristes traduisent sa propre faiblesse. Il cherche bien plutôt à l'aider à changer sa situation, pour que disparaissent les symptômes qui l'expriment. C'est-à-dire qu'il « fera effort pour qu'un autre homme aussi ne soit pas affecté de ces passions » (*Éthique*, proposition 46, p. 264). Il faut apprendre pour cela à imaginer ce que pourraient devenir les hommes prisonniers pour l'heure des passions tristes si leur situation changeait et si leur intelligence pouvait s'accomplir. On ne lutte pas contre la détresse et ses affects par des sermons, de simples exhortations morales ou intellectuelles, mais en s'efforçant de changer la configuration économique, sociale ou politique qui les fait naître. Racisme, xénophobie et fanatisme, compris par leurs causes, sont vaincus d'abord au niveau de ces causes. La raison implique un certain type d'engagement contre l'injustice et pour le meilleur système possible d'organisation institutionnelle de la société. L'éthique de vie raisonnable, désirée et cultivée pour soi-même, l'est aussi pour tous les autres. Le bonheur personnel s'enrichit et s'affermit de celui d'autrui.

L'esprit qui connaît est actif en ce qu'il fait advenir en lui la conscience de soi d'une réalité parfaitement comprise. Il faut pour cela rendre manifeste son principe ultime d'intelligibilité, à savoir la totalité qui la détermine et où elle s'insère activement. Quand l'esprit s'instruit lui-même, avec persévérance, de ce qu'est le réel, tout se passe comme si le réel se manifestait en lui, dans la plénitude de sa vérité. Un tel savoir a des conséquences sur l'être : il permet son accroissement, son affirmation singulière. Toute existence individuelle s'y explicite dans la parfaite lumière de ce qui la situe et enrichit son propre vécu de cette lucidité qui est aussi bien autoaffirmation et autocompréhension de soi dans le tout. La pensée est comme une affection positive : le travail de la raison émancipe le désir de sa modalité passive. En amont de cet avènement, il y a tout le périple existentiel de la puissance d'agir, proportionnée à la puissance de comprendre qu'à son tour elle stimule. Dialectique positive du désir et de la raison, dont le point d'enclenchement est pensé à partir de la vie passionnelle spontanée : il n'y a rien d'autre à présupposer, en l'occurrence, que la possibilité d'une réappropriation réfléchie de cette vie passionnelle, selon une construction graduelle de l'intelligibilité rationnelle. Le bonheur est à l'horizon.

La générosité

Le bien véritable (*verum bonum*) consiste à user au mieux de la puissance originaire de l'entendement, c'est-à-dire à accroître notre puissance d'agir, ce qui tend à nous rendre toujours moins tributaires des causes extérieures, afin d'affirmer notre propre *conatus*, de déployer notre essence singulière. La jouissance, le pouvoir et la richesse ne doivent être prisés, dans une telle perspective, qu'en tant qu'adjuvants pour un meilleur régime d'actualisation du conatus. C'est dire qu'ils n'ont pas de valeur en eux-mêmes, et ne peuvent être tenus pour des fins en soi. Une certaine éthique des plaisirs multiples et des satisfactions honorant les différents registres d'existence prend place dans cette philosophie du bonheur, aux antipodes de la superstition de l'abstinence, qui disqualifie illégitimement les plaisirs terrestres.

Spinoza encore : « Il est donc d'un homme sage d'user des choses et d'y prendre plaisir autant qu'on le peut (sans aller jusqu'au dégoût, ce qui n'est plus prendre plaisir). Il est d'un homme sage, dis-je, de faire servir à sa réfection et à la réparation de ses forces des aliments et des boissons agréables pris en quantité modérée, comme aussi les parfums, l'agrément des plantes verdoyantes, la musique, les jeux exerçant le corps, les spectacles et d'autres choses de même sorte dont chacun peut user sans aucun dommage pour autrui (...). Cette façon d'ordonner la vie s'accorde ainsi très bien et avec nos principes et avec la pratique en usage ; nulle règle de vie n'est donc meilleure et plus recommandable à tous égards » (*Éthique*, IV, proposition XLV, scolie).

Comprenant ainsi de façon active ce qui lui permet de se singulariser et de s'accomplir dans la Nature, l'homme s'achemine vers la liberté. Il pense et agit *ex proprio decreto* (selon son propre décret), et se tourne résolument vers l'affirmation de la vie, qu'il ne confond pas avec la servitude des désirs incertains et des plaisirs éphémères. Comme Épicure, Spinoza définit un hédonisme de la raison qui permet de transiter hors des fluctuations de l'âme et d'adopter une véritable ligne de conduite qui est une méditation « non de la mort, mais de la vie » (*Éthique*, IV, proposition 67). Il écarte du même coup toute représentation religieuse d'un dieu jaloux des plaisirs humains, ou exigeant une allégeance à base de sacrifices et de mortification : « Seule assurément une farouche et triste superstition interdit de prendre des plaisirs. En quoi, en effet, convient-il mieux d'apaiser la faim et la soif que de chasser la mélancolie ? [...] Aucune divinité, nul autre qu'un envieux ne prend plaisir à mon impuissance et à ma peine, nul autre ne tient pour vertu nos larmes, nos sanglots, notre crainte et autres marques d'impuissance intérieure » (*Éthique*, IV, proposition 45, scolie). Enjeu crucial d'une telle réhabilitation des biens de ce monde : la richesse d'une expérience existentielle diversifiée, déployée dans tous ses registres d'accomplissement est la condition même d'une raison aboutie, portant l'intelligence de ce qui est à son optimum. Les jouissances du bien-vivre sont requises pour que « le corps entier soit également apte à tout ce qui peut suivre de sa nature et que l'Âme soit également apte à comprendre à la fois plusieurs choses » (*Éthique*, IV, *ibid.*).

Une telle sagesse s'ouvre naturellement au souci d'une vie sociale et politique permettant à tous les hommes de la partager, et d'en tirer un principe de solidarité des puissances d'agir individuelles. Ainsi, la joie qui provient du sentiment d'accomplissement personnel ne peut que s'accroître, et non s'assombrir, de la considération de la puissance d'agir des autres. Ma liberté ne s'arrête pas où commence celle d'autrui. Bien au contraire. Elle s'accomplit d'autant mieux que celle d'autrui s'affirme davantage. Cette réciprocité positive, principe de concorde et d'amitié, est évoquée dans des pages admirables, dont on rappellera ici les formules célèbres. « Le contentement de soi (*aquiescentia in se ipso*) est une joie née de ce que l'homme considère sa propre puissance d'agir. Mais la vraie puissance d'agir de l'homme ou sa vertu est la Raison elle-même » (*Éthique*, IV, proposition 52). Cette vertu ou raison, par les implications sociales de la lucidité qu'elle porte, se décline d'emblée dans les différentes versions de la générosité. Générosité dans le partage du savoir, d'abord. « Qui vit sous la conduite de la Raison désire pour autrui aussi ce qu'il appète pour lui-même » (*Éthique*, IV, proposition 51). Générosité, ensuite, dans le geste de solidarité qui concrétise la concorde virtuelle en lien d'amitié. « Par Générosité j'entends un Désir par lequel un individu s'efforce en vertu du seul commandement de la raison à assister les autres hommes et à établir entre eux et lui un lien d'amitié » (*Éthique*, IV, proposition 59, scolie).

Spinoza précise que la générosité ainsi comprise relève, pour tous les hommes sans distinction, de la force d'âme (*fortitudo* en latin). Celle-ci met en jeu l'âme en tant qu'elle connaît, et détermine ainsi des affections actives, qui traduisent dans l'élément du sentiment la disposition affective à l'action, corrélat de la joie de comprendre. La Générosité n'a rien à voir avec la commisération, car elle requiert une compréhension par les causes, et au lieu de se lamenter sur le réel, elle s'efforce d'agir sur lui d'après ses propres lois. Soulager la misère humaine, c'est à la fois émanciper la puissance de jugement qu'elle oblitère et intervenir au niveau des causes qui la produisent.

Point d'orgue de la conception spinoziste de la générosité, l'idée que « l'homme est un Dieu pour l'homme » mérite une attention particulière. La formule ne suggère pas tant une divinisation des hommes, quels qu'ils soient concrètement, qu'une prise de conscience radicale de l'irremplaçable valeur de l'humanité de l'homme, lorsque celle-ci s'explicite en eux comme raison et liberté, et qu'elle dessine une authentique concorde. « Les hommes, dans la mesure seulement où ils vivent sous la conduite de la Raison, font nécessairement ce qui est nécessairement bon pour la nature humaine, et par suite pour tout homme, c'est-à-dire ce qui s'accorde avec la nature de tout homme ;

donc les hommes aussi s'accordent nécessairement toujours entre eux, en tant qu'ils vivent sous la conduite de la Raison » (*Éthique*, IV, proposition 35, Démonstration).

Spinoza rêve donc d'une intelligence qui remonte à la source, au principe premier de toute chose. De cette intelligence, il crédite tout homme, comme de la possibilité d'en tirer une joie sans pareille. Certes, le chemin est difficile. Mais il conduit en un lieu d'où se contemple la nature entière, grand tout qui héberge chaque chose, enfin comprise pleinement. Tout se passe comme si la nature pouvait se penser elle-même, dans chaque conscience parvenue au savoir de ce qui la situe et lui donne sens. Ainsi, chaque homme peut faire advenir en lui une connaissance aussi vitale que désirée. Il participe au grand tout, et apprend à l'aimer, qu'il l'appelle Dieu ou Nature. Il atteint une béatitude qui accomplit le contentement de vivre et la joie multipliée des plaisirs. La vie universelle s'éclaire alors en chacun. Elle est source d'amour et de bonheur.

CINQUIÈME PARTIE

BONHEUR À TOUS

Récit

Le rêve de Manouchian

« Marie-toi, sois heureuse et pense à moi souvent »

Il s'appelle Missak Manouchian. Arménien né à Adamyan, en Turquie, en 1906, il est orphelin très jeune. Son père tué par les Turcs, sa mère morte au cours d'une famine, il est élevé dans un pensionnat de Syrie. Il arrive en France, travaille comme ouvrier, connaît le chômage, adhère au Parti communiste français en 1934. Autodidacte, il lit tout ce qu'il peut, se cultive, écrit des poèmes, rédige des analyses politiques. De sa lointaine Arménie, il garde une nostalgie militante. La France l'a accueilli. C'est elle qu'il défendra contre l'oppression, le moment venu. La liberté, condition du bonheur, ne se divise pas. Blessée ici, elle est fragilisée ailleurs, et partout. Cet universalisme, Eluard le déclinait « de l'horizon d'un homme à l'horizon de tous ». En France, les damnés de la terre font alliance contre les nazis. Polonais réfugiés, républicains espagnols encore meurtris de leur lutte perdue contre le fascisme international, Italiens qui gardent l'esprit de Garibaldi, Hongrois, Roumains, Arméniens ont fondé un groupe de résistants, le groupe Manouchian. Héros ordinaires que rien n'appelait au sacrifice, ces hommes se savent frères entre eux et frères de tous les autres. Ils iront jusqu'au bout. Arrêté le 16 novembre 1943, Manouchian écrira une dernière lettre à sa femme, Mélinée, le 21 février 1944, peu avant d'être fusillé, avec tout son groupe.

Le bonheur, Manouchian en avait rêvé, pour tous. Il savait que la politique n'a pas pour rôle de dire comment être heureux, encore moins d'imposer un modèle du bonheur, mais tout simplement, et c'est déjà beaucoup, de rendre possible une réelle liberté qui fait que chacun peut s'accomplir, selon son choix. Cela ne va pas sans justice sociale, sans paix, sans référence au souci du bien commun. Cela ne va pas non plus sans culture, sans émancipation du jugement et de la conscience de chacun. Du fond des âges, l'idéal des Lumières et l'écho des sagesses philosophiques prennent toute leur dimension, en s'universalisant à l'Humanité entière. Idéal sans frontière. Aux Français qui avaient collaboré avec les nazis, Manouchian lancera : « Nous, nous avons combattu pour la France, pour la libération de ce pays. Vous avez vendu votre conscience et votre âme à l'ennemi. Vous aviez hérité de la nationalité française, nous, nous l'avons méritée. » S'inspirant de la lettre écrite par Missak Manouchian à Mélinée, Louis Aragon immortalise le rêve de Manouchian, partisan et résistant, « amoureux de vivre à en mourir ». C'est en 1955, à l'occasion de l'inauguration de la rue du Groupe Manouchian (dans le vingtième arrondissement de Paris) qu'est rendu public son poème intitulé « L'affiche rouge ». Pour faire peur et inspirer la haine des partisans, les nazis avaient réuni leurs vingt-trois photographies, maquillées pour les rendre repoussantes, dans une affiche de couleur sang. Le poète transfigure l'insulte et réinvente les paroles de Manouchian. L'espoir transcende la souffrance, et lui ouvre la perspective d'un monde de justice. « Bonheur à tous »...

« Tout avait la couleur uniforme du givre
À la fin février pour vos derniers moments
Et c'est alors que l'un de vous dit calmement :
"Bonheur à tous, bonheur à ceux qui vont survivre
Je meurs sans haine en moi pour le peuple allemand."

Adieu la peine et le plaisir. Adieu les roses,
Adieu la vie. Adieu la lumière et le vent.
Marie-toi sois heureuse et pense à moi souvent
Toi qui vas demeurer dans la beauté des choses
Quand tout sera fini plus tard en Erivan.

Un grand soleil d'hiver éclaire la colline
Que la nature est belle et que le cœur me fend
La justice viendra sur nos pas triomphants
Ma Mélinée ô mon amour mon orpheline
Et je te dis de vivre et d'avoir un enfant. »

« *I have a dream.* » « Je fais un rêve. » Le rêve de Martin Luther King était aussi un rêve de bonheur, quand les Noirs demandaient le droit à l'indifférence. Qu'une couleur de peau ne soit pas prise en compte chaque fois qu'un choix se présente, et que celui qui détient le pouvoir tend à une personne le miroir décrété de sa « différence ». Martin est mort, assassiné. Aujourd'hui, dans des pays « civilisés », un simple prénom barre la route vers un emploi ou un logement. Et certains hommes, comme hier les femmes renvoyées au « sexe faible », se heurtent à un plafond de verre.

N'oublions pas les rêves de Manouchian, de Luther King.

Bonheur à tous.

Douzième leçon

Liberté

L'espèce humaine

Un enfant s'amuse au jeu des ricochets. Un jour il a vu l'eau morte d'un étang se raviver soudain, en myriades bleues d'ondes mêlées. La pierre lancée du bord, au ras du miroir, avait rebondi six fois. Une fête murmurée associait l'eau et le ciel dans ses yeux immobiles, jusqu'à ce que tout se fige à nouveau. C'était une joie toute simple : provoquer la nature pour qu'elle fasse un tour de magie. Et la nature le prenait au mot, en multipliant les ondes éphémères. La liberté de faire et de se voir dans l'effet produit avait surgi, toute naturelle, et elle était d'une puissance insoupçonnée. Premier bonheur. Courir et rire, jouer sérieusement et travailler allègrement, user de sa parole, sans limites, s'attarder dans les rires et marcher comme on danse... La vie respire l'ivresse de toutes ses possibilités. Liberté.

Dans le camp de concentration où des familles entières cheminent vers la mort, un père s'attache à délivrer son enfant du sens trop évident de l'oppression qui organise le quotidien. Il lui fait croire qu'il s'agit d'une sorte de théâtre, où chacun joue son rôle avec application. C'est l'homme qui veut décider du sens, et qui résiste dans cette fiction comme dans la confiance enfantine qui s'y laisse prendre. Mais la transposition est difficile, insoutenable peut-être. Les apparences se prêtent mal à la fiction qui les transfigure. Il faut que le regard s'affranchisse – et la crédulité de l'enfant l'installe dans une histoire imaginaire – pour que l'absurde et le monstrueux quotidien n'aient pas le dernier mot. Tout cela, donc, n'est qu'un jeu. Et tout ce qui se produit est revu de telle façon qu'il en soit bien ainsi pour la conscience de l'enfant. Par le regard qu'il porte sur les choses, l'homme s'en libère déjà. La conscience qui transfigure est bien aussi réelle que la noirceur des armes et l'effrayante comédie des damnés qui jouent à cache-cache avec la mort. Pourtant la tragédie défie cette fuite éperdue vers le sens. Les acteurs ne se relèveront pas à la fin du spectacle. L'odieux résiste, irréductible. L'innocente naïveté de l'enfant, son sens du jeu et du rire, ses yeux sans retenue témoignent pour une vie restée fidèle à ses promesses. L'enfant croit ce que lui dit l'humanité encore maîtresse d'elle-même. Mais peut-on le tromper vraiment sur cet anéantissement qui atteint beaucoup plus que des hommes ? C'est l'espèce humaine elle-même qui chavire. Crime contre l'humanité, diront les tribunaux. L'enfant ne peut être dupe plus longtemps. Alors dans son regard se propage une infinie tristesse, l'ombre portée de ce qu'on ne peut comprendre.

Robert Antelme témoigne de l'enfer concentrationnaire : « Dire que l'on se sentait alors contesté comme homme, comme membre de l'espèce, peut apparaître comme un sentiment rétrospectif, une explication après coup. C'est cela cependant qui fut le plus immédiatement sensible et vécu, et c'est cela d'ailleurs, exactement cela, qui fut voulu par les autres. La mise en question de la qualité d'homme provoque une revendication presque biologique d'appartenance à l'espèce humaine. Elle sert ensuite à méditer sur les limites de cette espèce, sur sa distance à la "nature" et sa relation avec elle, sur une certaine solitude de l'espèce donc, et pour finir, surtout à concevoir une vue claire de son unité indivisible » (*L'Espèce humaine*, Gallimard, 1957, p. 11).

« Avant tout la liberté » (Victor Hugo)

Nulle pensée du bonheur ne serait crédible sans une attention à tout ce qui la défie, voire la donne comme dérisoire. Le citoyen du monde ne peut occulter les souffrances et les oppressions. Lucidité oblige.

« Avant tout la liberté. » C'est le propos que le général Lahorie, opposant à la dérive autoritaire de l'empereur Napoléon, avait tenu un jour à Victor Hugo enfant, peu avant de tomber sous les balles du peloton d'exécution. Une phrase qui allait hanter la vie et les combats du poète. « Les hommes naissent et demeurent libres et égaux en droit. » Naître. La liberté est native. C'est dire qu'elle a quelque chose d'une faculté spontanée de la nature. Elle n'est pas un bien que l'on pourrait abandonner, puis retrouver. Rousseau le rappelle. La liberté est le propre de l'homme, elle signe son humanité, au plus profond de l'être. Vécue au petit matin, par la simple respiration de la vie, elle est le premier bonheur. Il faut y penser, quand on est tenté de l'oublier.

Foyer de l'initiative, c'est d'abord la conscience qui doit être libre. Citadelle intérieure, selon les stoïciens, qui la déclarent imprenable. Nul ne peut s'emparer de ma conscience, dont la lumière intense vit dans mon regard. L'effort accompli pour préserver cette liberté intérieure est l'exercice philosophique par excellence. Son sens s'affirme dans la vie de la cité, quand il s'agit de penser juste et d'agir avec justice, comme avec sagesse dans la conduite personnelle.

Liberté… Il ne faut pas oublier le mot qui donne conscience aux mouvements naturels, à ce corps qui se découvre un chemin de promenade, à ces yeux qui boivent la transparence des choses, à ce souffle de l'air qui se donne et enchante. Liberté. Mais la conscience peut être meurtrie par les souffrances du corps, et l'injustice qui les provoque. Une autre liberté est nécessaire, qui délivre des menaces et des violences. Liberté de dire et de faire, de marcher ou de se tenir en repos, d'agir et de se construire, de tracer son chemin sans tutelle. Liberté d'aller dans la rue, sans angoisse, sans le serrement intérieur du qui-vive ou de la peur. On pense à ces femmes menacées parce qu'elles disent leur volonté d'être les égales des hommes, et refusent tout ce qui entrave cette aspiration. On pense à l'oppression d'un pays occupé, quand chaque parole libre est une victoire. Paul Éluard, plus loin que la nuit présente d'une telle oppression, rappelle le mot à la mémoire de tout ce qu'il signifie, lors même que la vie meurtrie n'y pense plus. La vie est belle… La vie est là, sûre et tranquille, retrouvée sous les noirceurs et les blessures, sous les stridences des douleurs et les poings que l'on crispe à la vue des oppresseurs. Offrande secrète, aussi discrète que la respiration et la douceur d'une main familière, la vie témoigne, présence toute simple que décrit Paul Éluard dans le poème « Liberté » :

« Sur la santé revenue
Sur le risque disparu
Sur l'espoir sans souvenir

J'écris ton nom
Et par le pouvoir d'un mot
Je recommence ma vie
Je suis né pour te connaître
Pour te nommer
Liberté. »

Autonomie

Voici venir le vertige des possibles. Je suis libre. Oserai-je ? L'angoisse de la liberté peut paraître lourde à porter. On doit décider non seulement de ce qu'on fait, mais aussi de ce qu'on est, ou sera. Qui ne désire être heureux ? Le désir d'être compose avec les multiples situations de la vie. Joie et tristesse alternent selon qu'il peut ou non s'assouvir. L'imagination explore, anticipe, recherche. Elle-même peut se sentir dépassée, impuissante à dire un chemin assuré. Kant le fait remarquer, non pour décourager, mais pour souligner que le bonheur est une libre invention de chacun. Aucune règle ne prescrit la nature ni le nombre des éléments dont se compose une vie heureuse. C'est à chaque personne que revient le soin de choisir ces éléments, de composer sa vie en combinant à sa guise les registres d'accomplissement. Sa liberté fondamentale de le faire est d'ailleurs en elle-même une source de contentement. L'important est que lui soient données les occasions de découvrir ces registres, afin que son choix ne soit pas d'emblée le reflet des limites initiales. Le respect des individus et de leur pleine autonomie éthique conduit à leur laisser le choix de leur mode de vie, de leur façon d'être heureux. Rousseau disait déjà : « L'État doit mettre les hommes en état de l'être [heureux] s'ils sont raisonnables » (*Fragments politiques*, VI, 8).

Devant la difficulté d'assumer sa liberté, de tracer son chemin, on peut être tenté parfois de se laisser conduire par les modernes directeurs de conscience, et tous les dealers de paradis de la terre. Opium des mots et des promesses. L'exigence de liberté conduit Kant à rejeter radicalement tout paternalisme en politique. Une telle figure n'est salutaire ni pour les individus ni pour les peuples. La page est célèbre : « La liberté, comme liberté de l'homme, j'en exprime le principe qu'elle fournit à la constitution d'un corps commun dans la formule : nul ne peut me contraindre à être heureux à sa manière (celle dont il comprend le bien-être des autres hommes) ; mais il est permis à chacun de chercher son bonheur par le chemin qui lui semble bon à lui, pourvu qu'il ne nuise pas à cette liberté qu'ont les autres de poursuivre une fin semblable, qui peut s'accorder avec celle de chacun suivant une loi universelle (c'est-à-dire s'il ne nuit pas au droit d'autrui). Un gouvernement fondé sur le principe de la bienveillance envers le peuple, semblable à celle d'un père envers ses enfants, c'est-à-dire un gouvernement paternel (*imperium paternale*), où donc les sujets, comme des enfants mineurs qui ne peuvent distinguer ce qui leur est véritablement utile ou nuisible, sont réduits au rôle simplement passif d'attendre du seul jugement du chef de l'État qu'il décide comment ils doivent être heureux, et de sa seule bonté qu'il veuille bien s'occuper de leur bonheur : un tel gouvernement est le plus grand despotisme qu'on puisse concevoir (Constitution supprimant toute liberté des sujets, qui par suite n'ont absolument plus aucun droit) » (*Théorie et Pratique*, éditions Vrin).

De la liberté ainsi comprise dérive une stricte délimitation de la sphère des lois, c'est-à-dire du droit de regard de la puissance publique sur les actions humaines. Rousseau disait déjà que seules doivent être soumises à la règle commune les actions qui « importent à la communauté ». En la matière, le droit ne peut rien imposer aux citoyens, même s'il fait obligation à la puissance publique d'être suffisamment présente pour assurer à chacun les conditions de son libre accès au bonheur. L'identité personnelle est une libre construction, et rien ne doit préjuger d'elle. Les lois n'ont pas à prescrire des modèles, mais à proscrire les seuls comportements incompatibles avec la coexistence des libertés. Le respect de la liberté éthique suppose que la loi n'impose ni ne privilégie aucun mode d'accomplissement particulier, sauf à déroger également au principe d'égalité. Cela veut dire par exemple que l'union libre ne peut être tenue pour moins légitime que le mariage, ni la sexualité rivée à la procréation ou à une version particulière. En revanche, la norme proscrit tous les comportements qui portent atteinte à la liberté d'autrui, ou à sa dignité : elle réserve la sanction au non-respect de la loi commune. Celle-ci se définit dans le respect de la sphère privée.

Il n'est de bonheur vrai que dans la liberté. Vérité toute simple, mais souvent oubliée.

L'émancipation

Premier pas, solitaire, dans l'aventure de la liberté. Libéré du domaine paternel (le *mancipium* des Romains), l'adolescent devient un être indépendant, du moins sur le plan du droit. Émancipé au sens civique et juridique, le voilà prêt à goûter le contentement de se savoir maître de ses décisions. Il va prendre les rênes de son existence. Il lui faut pour cela « gagner sa vie », au sens propre. S'assurer de quoi vivre, sans dépendre d'autrui. Mais cela ne se peut qu'au sein d'un monde social qui lui apprend la relation à l'autre, et ses exigences. Ce monde, tout à la fois, lui résiste, et l'aide. Il est occasion de s'affirmer. Mais il faut le comprendre, malgré son opacité, et parfois sa violence.

L'école a été l'occasion de s'exercer à penser, d'apprendre, en s'ouvrant les lointains de l'histoire. L'occasion de se cultiver et de déverrouiller l'horizon. Cultiver, c'est transformer les données brutes de la terre pour en faire une ressource vitale. Il en va de même dans le rapport à soi. Se cultiver, c'est se transformer soi-même pour devenir maître de ses pensées. À mesure que s'éprouve cette nouvelle naissance, la vocation au bonheur de comprendre est vécue comme une sorte d'avènement intérieur. L'émancipation intellectuelle et morale donne à l'émancipation civile une force insoupçonnée d'abord, source de nouvelles joies. Maître de ses pensées, l'homme libre apprend à jouir de sa conscience et de la diversité de ses registres. Il se découvre capable de faire varier son rapport au monde. Il distingue ce qu'il sait et ce qu'il croit, ce qu'il perçoit et ce qu'il imagine. La société présente ne s'impose plus à lui comme un séjour sans recours ni perspective. C'est toute l'émancipation de la personne qui se poursuit et s'édifie.

Bonheur philosophique, articulant la puissance de comprendre et celle d'agir. L'individu maître de soi s'ouvre à l'humanité entière. Le sage stoïcien a insisté sur cette belle idée. Revenir à soi, ce n'est pas nier l'engagement dans le monde, mais savoir s'affranchir des envoûtements qui l'accompagnent et des passions qui dressent les hommes les uns contre les autres. Toute l'humanité est alors retrouvée par la libération intérieure qui affranchit des troubles. Il faut penser en se mettant à la place de tout autre, dit Kant. Cette mise à l'épreuve imaginaire permet de distinguer ce qui résulte d'une perspective subjective, particulière, et ce qui peut être assumé par tout homme, indépendamment des captations du lieu et du moment. Penser par soi-même relève en fait de la même exigence. Pour être véritablement l'auteur de ses propres pensées, il faut en effet libérer son regard des illusions du jour et savoir si l'on pourra juger de la même façon lorsque le contexte aura changé. Ce qui est proprement rester en accord avec soi-même. Cette fidélité est source de fermeté d'âme, et en un sens de contentement par rapport aux tourments du monde. Elle est aux antipodes des crispations du dogmatisme.

Il y a dans cette pratique de la liberté intérieure le bonheur d'une pensée qui s'élève à l'universel. Elle a su se délivrer des circonstances particulières et des passions qui troublent sans cesser pour autant de les éprouver. D'une certaine façon, tout en restant consciente de la destinée singulière à laquelle elle est liée, elle s'ouvre à la fraternité. La joie de vivre ensemble n'est pas opposable à la jouissance du promeneur solitaire. Telle est sans doute aussi la belle leçon de la philosophie.

L'idéal de liberté n'est solidaire d'aucune philosophie en particulier. La philosophie en reprend sans cesse la défense et l'illustration. Forme réfléchie de la culture universelle, elle s'efforce de mettre à distance l'illusion du moment et les préjugés du lieu. Elle s'affirme avec constance comme l'art de prendre soin de ses pensées, de telle façon qu'elles s'affranchissent des limites de l'expérience vécue. D'où le projet renouvelé sans cesse d'une lucidité agissante, qui ne peut transiger avec les exigences du vrai, quoi qu'il en coûte.

Pour l'exemple, si Descartes insiste sur le caractère fondateur du sujet pensant et de la conscience libre qui le définit, c'est pour contester le principe d'autorité dont dérivent bien des obscurantismes. Le *principe de raison et de libre examen*, source d'émancipation des individus comme des sociétés, doit quelque chose d'essentiel à cette philosophie, qui étend l'expérience intérieure de la liberté à la conduite de la vie. Et si Spinoza fait observer que la *puissance de comprendre* se proportionne à la *puissance d'agir*, qu'elle nourrit à son tour, c'est pour rappeler que le sujet libre et maître de ses pensées ne se construit que dans les conditions qui favorisent son accomplissement. Deux démarches qu'on oppose trop souvent, alors qu'elles ont toutes les deux leur vérité, car elles rendent manifestes des exigences également légitimes.

Dans l'idéal de liberté, il y a l'idée de *générosité*, telle que Descartes la définit et telle que Spinoza la reprend pour en faire un principe de concorde active. Selon cette idée, l'homme s'affirme comme tel dans le libre usage qu'il fait des choses qu'il n'a pas d'abord choisies, et dans le courage d'assumer cette liberté. Ce qui le situe par principe au-dessus des coutumes et des croyances particulières, des appartenances et des intérêts exclusifs. Cette transcendance lui permet de garder la maîtrise de ses pensées et d'assumer toute croyance avec la distance intérieure dont les stoïciens faisaient le principe même de la liberté. La *générosité*, qui délivre d'une subjectivité trop étriquée, peut alors ouvrir l'individu à la société. La liberté prend sens pour l'autre comme pour soi-même, et l'égalité ainsi affirmée vivifie le lien social pour qu'à son tour il nourrisse l'accomplissement individuel. Cette générosité, Spinoza en donne une version propre à solidariser les libertés des individus. C'est ensemble que les hommes peuvent assurer le mieux les conditions du libre épanouissement de chacun, et partant de l'expression des singularités. Une telle prise de conscience surmonte les tentations mesquines, dont on ne peut jamais tirer que la haine de soi. « La vraie félicité et la béatitude ne consistent pour chacun que dans la jouissance du bien et non dans cette gloire d'être le seul à en jouir, les autres en étant exclus ; s'estimer en possession d'une béatitude plus grande, en effet, parce qu'on est seul dans une condition bonne, ou parce qu'on jouit d'une béatitude plus grande et qu'on a meilleure fortune que les autres, c'est ignorer la vraie félicité et la béatitude. »

Bref, oser pour l'autre ce que l'on veut pour soi, c'est découvrir les ressources du bonheur à une autre échelle. C'est se délier suffisamment de ses préférences ou de ses appartenances pour que l'universel soit à la fois horizon et source d'humanité. Cette générosité est le meilleur antidote contre le fanatisme et l'intolérance, mais également contre toute volonté de privilèges revendiqués au nom d'une option spirituelle particulière. Dans une telle perspective, la refondation laïque du lien civique et politique décline comme naturellement ses principes. Liberté de conscience confortée par la puissance de comprendre et la joie de la cultiver. Égalité de tous, sans distinction de conviction spirituelle ou d'éthique de vie personnelle. Universalité de la loi commune et des institutions publiques, dévolues au seul bien commun. L'émancipation laïque intègre et couronne les grands registres de l'émancipation humaine. Elle a partie liée avec l'émancipation sociale qui rend justice à tous.

Vivre ensemble

La vie sociale forme l'humanité. Dans sa variation, elle peut être source de bonheur comme de malheur. Aristote et Marx placent la cité au cœur de l'accomplissement humain et récusent le mythe d'individus d'abord isolés, formant par décision un lien social. Marx ironisait sur les « robinsonnades » qui, au XVIIIe siècle, imaginaient l'humanité primitive sous la forme d'individus solitaires qui composent graduellement le lien social par association. Sans doute avait-il tort de prendre au mot des reconstitutions dont la raison d'être était plus polémique que descriptive et historique. En repensant la société à partir d'une fiction théorique où l'on imagine les hommes libres en amont de toute communauté politique, Rousseau veut poser une sorte de norme, et déduire la société juste des exigences qui assurent aux hommes une liberté essentielle. Néanmoins, affirmer que le point de départ réel est un ensemble d'individus isolés et dispersés, c'est une illusion qui peut aboutir à une méprise sur la nature véritable de la liberté en société. Si la division du travail me permet de jouir de conditions d'existence que jamais je ne pourrais obtenir seul, isolé dans la nature, elle appelle à l'évidence une organisation minimale propre à faire coexister les libertés des individus. Le droit y pourvoit pour éviter que la force en décide.

La vie collective est manifestement un fait originel. Le citoyen et l'homme s'enrichissent mutuellement l'un de l'autre. Les droits de l'homme en société ne peuvent être compris si on entend les reconstruire à partir d'individus jouissant d'une liberté naturelle proportionnée à leur solitude. Seuls ils n'ont alors d'autres limites à leur action que celles de leurs forces.

Celles-ci varient, du meilleur au pire, et avec elles leur liberté entendue comme pouvoir d'agir. La vie sociale, organisée par l'ordre politique, peut être comprise comme ce qui met un terme à une telle précarité et aux angoisses dont elle s'assortit, car l'homme fort et vigoureux n'est jamais, dans la nature, que le héros du moment. Une maladie ou un accident aura raison de cette force, et réduira d'autant la liberté qui l'exprimait. Il faut dès lors définir les règles de la vie commune de telle façon que chacun soit aussi libre qu'il le peut dans le respect de cette même liberté pour autrui.

L'aspiration à la liberté se traduit dans la revendication des droits du citoyen comme dans celle des droits de tout être humain. Ce sont les citoyens qui prennent la souveraine décision de s'unir en communauté de droit et de définir les principes fondateurs qui vont permettre de la constituer.

La joie d'apprendre

La Cité requiert des citoyens authentiques, capables de penser par eux-mêmes et riches d'une humanité affranchie des limites dans lesquelles la division du travail tend à les inscrire. Chacun doit pouvoir devenir tout ce qu'il peut être. De cette façon s'affirme aussi la référence la plus haute pour juger des injustices réelles et des malheurs qui en découlent. C'est bien une certaine idée de l'homme, conçue non comme un modèle, mais comme un idéal de référence, qui se trouve mise en jeu. De ce point de vue, l'instruction publique fonde l'éducation à la liberté : « L'école est le lieu où l'on va s'instruire de ce que l'on ignore ou de ce que l'on sait mal pour pouvoir, le moment venu, se passer de maître » (Jacques Muglioni,

Philosophie, école, même combat, Paris, 1984, PUF, p. 20).

Le projet d'un accomplissement réussi doit ainsi se trouver comme anticipé par la culture scolaire et la dimension universelle de son ouverture aux grands champs de l'activité humaine. Il doit l'être aussi, bien sûr, par les conditions de l'accès aux savoirs et aux savoir-faire.

Platon, dans le dialogue du *Ménon*, dépeint un jeune garçon qui découvre en lui une vérité de la géométrie. Tout se passe, au moment où il s'instruit, comme s'il n'apprenait rien que de lui-même. D'où l'assimilation de la connaissance à une reconnaissance, à une remémoration. L'aide du maître Socrate est certes indispensable pour qu'il fixe son attention sur les données du problème (comment obtenir un carré double d'un carré donné ?). Mais le travail de réminiscence ne peut être accompli que par le jeune homme. Sa raison naturelle convenablement stimulée et guidée découvre la solution comme une vérité allant de soi et qui n'attendait, en somme, que d'être accueillie par la conscience. Ce n'est pas à proprement parler le libellé exact de la connaissance à acquérir qui est su par avance ; c'est plutôt la démarche intellectuelle productrice de savoir qui se révèle. Elle était potentiellement inscrite dans tout esprit. Nul ne peut penser ni comprendre à ma place : tel est le sens radical de l'instruction.

L'émancipation du jugement est donc solidaire de l'instruction, qui fournit un fondement décisif de l'éducation à la liberté. L'élève qui vient de comprendre, par la seule force de son intelligence et de l'attention qui la met en jeu, accède à une joie intérieure qui l'accomplit. Un beau texte de Sartre le rappelle : « C'est qu'il entre toujours, dans l'ivresse de comprendre, la joie de nous sentir responsables des vérités que nous découvrons. Quel que soit le maître, il vient un moment où l'élève est tout seul devant le problème mathématique ; s'il ne détermine son esprit à saisir les relations, s'il ne produit de lui-même les conjectures et les schèmes qui s'appliquent tout comme une grille à la figure considérée et en dévoileront les structures principales, s'il ne provoque enfin une illumination décisive, les mots restent des signes morts, tout est appris par cœur. Aussi puis-je sentir, si je m'examine, que l'intellection n'est pas le résultat mécanique d'un procédé de pédagogie, mais qu'elle a pour origine ma seule volonté d'attention, ma seule contention, mon seul refus de la distraction ou de la précipitation et, finalement, mon esprit tout entier, à l'exclusion radicale de tous les acteurs extérieurs. Et telle est bien l'intuition première de Descartes : il a compris mieux que personne que la moindre démarche de la pensée engage toute la pensée, une pensée autonome qui se pose, en chacun de ses actes, dans son indépendance plénière et absolue » (*Situations, 1*, Paris, Gallimard, 1947, « Tel », p. 61-62).

La joie de comprendre produit comme un accroissement de l'être, en un double sens : progrès dans la réalisation de soi et la confiance qui en résulte, elle est aussi élévation à une pensée plus lucide et mieux affirmée. La lucidité existentielle, proportionnée à la puissance du jugement autonome, s'en trouve facilitée. Il est donc vain, et faux, d'opposer instruction et éducation, sauf à retenir pour chacune une acception contestable. L'instruction bien comprise est un fondement essentiel de la liberté et de l'accomplissement de soi, ce qui est finalement la même chose.

« Rendre la raison populaire »

Condorcet, imaginant une instruction publique susceptible de « rendre la raison populaire », a esquissé le programme d'une émancipation rationnelle de tous les hommes, afin que toutes ses chances soient données non seulement à la citoyenneté, mais aussi à l'autonomie personnelle qui permet de conduire sa vie de façon lucide. Le goût du vrai et le sens de ce qui vaut pour l'homme sont étroitement solidaires, et l'ignorance est le pire des maux, y compris sur le plan éthique. Le bonheur est alors un horizon dont nulle formule close ne peut être imposée, mais le jugement éclairé pour tous est une tâche pour la République. Former l'homme autant que le citoyen et le travailleur entre dans la conception humaniste et critique de l'école. Le bonheur ne peut être un but pédagogique, ou s'il l'est, il ne peut l'être qu'indirectement, par l'exigence d'une culture qui délivre l'humanité de l'homme des limites qui l'affectent en raison des données sociales. L'école n'a pas été inventée pour faire de la maintenance affective et se convertir en garderie, mais pour émanciper le jugement, afin que les hommes puissent un jour se passer de maître. La liberté est alors conçue comme une condition essentielle du bonheur.

Bref, la formation complète de la personne donne toutes ses chances au bonheur, en assurant l'autonomie éthique et rationnelle. C'est à ce niveau que se rencontrent la philosophie éthique, tournée vers la définition lucide d'un art de vivre, le droit, respectueux de l'autonomie, la politique, soucieuse des conditions de possibilité matérielles et sociales de l'émancipation humaine, et l'éducation, finalisée par l'émancipation intellectuelle et culturelle de tous les hommes.

Treizième leçon
Justice

Espérance

Quel bonheur, quand l'horizon s'est évanoui, quand les murs alentour ne sont qu'un miroir gris où se dissout le soleil ? Le désespoir, individuel ou collectif, c'est le sentiment d'enfermement, la violence de limites qui paraissent insurmontables. Il faut s'affranchir, et revivre la confiance. La confiance est solidaire d'un pari sur l'avenir, et comme Platon le fait dire à Socrate après sa condamnation, ce pari est un beau risque à courir. D'où peut venir, ou renaître, cette confiance primordiale ? D'un rappel réjouissant, que les philosophes glissent dans l'oreille des laissés-pour-compte ou de ceux que déserte le goût de vivre. L'humanité est libre de se redéfinir, car elle peut toujours s'accomplir autrement. Kant y insistait, dans ses *Conjectures sur les débuts de l'histoire*, où il évoque la satisfaction d'une telle prise de conscience par l'homme : « Il découvrit en lui un pouvoir de se choisir à lui-même sa propre conduite, et de ne pas être lié comme les autres animaux à une conduite unique » (*La Philosophie de l'histoire*, Gonthier-Médiations, Paris, 1965, p. 114).

C'est sans doute Aristote qui le premier a pensé de façon radicale une telle capacité. Pour lui, l'humanité existe d'abord en puissance avant d'exister en acte. Une sorte de promesse silencieuse, que le regard d'un enfant manifeste ingénument. Par son dynamisme d'accomplissement chaque homme se révèle des ressources qu'il ne tient que de lui-même. L'aboutissement d'un tel processus le réalise ainsi de façon vivante, puissance passée à l'acte. « Vivre se dit en deux sens, l'un qui est vivre en puissance, l'autre en acte. En effet nous disons que "voient", en un sens, tous les animaux qui ont la vue et qui sont naturellement aptes à voir, même s'ils se trouvent pour l'instant les yeux fermés ; en un autre sens, ceux qui usent de leur faculté, c'est-à-dire fixent actuellement leur vue sur quelque objet… » (*Protreptique*, fragment 14).

Ainsi, les hommes ne sont pas immédiatement tout ce qu'ils peuvent être. Ils se caractérisent par ce que Rousseau appellera une *perfectibilité*. Leur « inachèvement » même est la condition de tous leurs progrès. Ce pouvoir de se construire de façon plus complète est le cœur de la liberté. On comprend dès lors que les conditions de l'accomplissement soient décisives pour permettre aux potentialités de l'humanité d'advenir en tout homme, y compris lorsque, réduit en servitude, il n'en continue pas moins de se rêver libre. Sartre le dit avec force : il faut vivre sa condition d'esclave en homme libre. La quête de justice est une façon de ne pas se résoudre au malheur des temps.

Loisir

Retour à la dimension essentielle du loisir, et de l'activité libre, pour l'accomplissement humain. Aristote distingue la production (*poïesis*), dont la fin est extérieure à l'activité mise en œuvre, et l'action (*praxis*), qui a sa fin en elle-même, et permet à ce titre le libre épanouissement de l'humanité. Puisque l'homme produit ce qui le fait vivre, le libre accomplissement de soi suppose la production comme sa condition première. Mais on peut concevoir de deux façons une telle subordination. Dans les sociétés où règne un rapport de domination de certains hommes sur d'autres, le loisir essentiel tend à être l'apanage de la classe qui domine, même si la classe dominée, par ses luttes, peut en obtenir sa part. En revanche, dans une société qui conteste ce type de domination, ou la modère, la libre activité est considérée comme un droit de tout homme, même si sa condition du moment semble l'hypothéquer.

En principe, la réalisation de soi se compose de différents registres. Aristote et l'humanisme philosophique ont souligné la place que tient la pensée dans cette polyphonie des modes d'accomplissement. Aristote : « L'homme est né pour deux choses : pour penser et pour agir en dieu mortel qu'il est. » La division sociale du travail, ordonnée à des rapports sociaux de domination, peut brouiller l'idée qu'en tout homme l'avènement de l'humanité requiert du loisir afin que les potentialités dont il est riche, cultivées pour elles-mêmes, donnent toute leur mesure. De même, elle peut laisser croire que certains hommes seulement sont porteurs des potentialités les plus riches. Double faux-semblant, qui confond la situation sociale et les potentialités de chacun. Penser les conditions sociales du bonheur, c'est s'affranchir de tels faux-semblants.

Ainsi la pensée du *loisir* essentiel (en grec, la *scholè* si chère à Aristote) indique-t-elle une condition essentielle du libre accomplissement des hommes, et fait-elle contraste avec toutes les situations sociales qui tendent à absorber totalement la vie dans le travail obligé : les figures de l'esclavage, du servage, ou du prolétariat sont autant de versions distinctes de cette aliénation. L'idée d'une activité libre, d'une pratique délivrée de toute contrainte extérieure, telle que peut la suggérer la référence à la libre *scholè*, au loisir, apparaît alors comme une sorte de rappel de ce que peut et doit être la condition faite à tous les hommes pour qu'ils puissent s'épanouir. Les Grecs, prisonniers souvent de l'idéologie qui voit dans l'esclavage une réalité fondée en nature, n'ont conçu cet idéal du loisir que pour certains hommes, les hommes libres distingués des esclaves, mais cette limitation n'ôte rien à la valeur de l'idéal : elle apparaît plutôt pour ce qu'elle est, à savoir un préjugé à dépasser en concevant pour tous les hommes ce que la justification idéologique d'un rapport d'oppression conduisait à réserver à certains. Sans doute est-ce la tâche de la philosophie que de s'affranchir, à chaque époque, des préjugés qui s'inscrivent dans les représentations ordinaires des hommes.

Le bonheur commun

Un jour, Gracchus Babeuf lança l'idée du *bonheur commun* comme raison d'être de la refondation révolutionnaire. C'était pour faire vivre un recours contre l'oppression, et non pour inventer une nouvelle servitude. Il visait en fait les conditions communes du bonheur de chacun, et non l'obligation d'être heureux de la même façon. Ainsi comprise, la politique du bonheur devait concilier la liberté et la justice. Rousseau l'avait dit avec force : la liberté ne va pas sans une certaine égalité. « Que nul citoyen ne soit assez opulent pour en pouvoir acheter un autre, et nul assez pauvre pour être contraint de se vendre » (*Du contrat social*, livre II, chap. XI).

Il y a des situations de détresse qui conduisent certains hommes à renoncer, comme d'eux-mêmes, aux promesses de l'humanité qu'ils portent en eux. Ce renoncement traduit un désespoir silencieux, qui à la longue ne se vit même plus comme tel. La résignation s'est faite quotidienne, jusqu'à convertir en fatalité l'injustice qui détruit la perspective du bonheur. On peut bien dès lors être tenu pour libre. Reste qu'on ne se sent plus en mesure d'user de cette liberté, qu'on n'en a plus le courage. La liberté n'est pas seulement le droit de dire et de faire sans entrave. Elle n'est réelle que comme pouvoir effectif, que la volonté assume quand une chance d'aboutir lui est offerte. La conscience des aspirations légitimes de tout être humain doit maintenir en chacun le ressort d'une telle volonté.

La liaison de la politique et du bonheur est une histoire ancienne. Aristote voulait que la Cité se soucie de la vie bonne, et pas seulement de la survie. Sont contestées, dès lors, les situations qui perpétuent, pour beaucoup, voire pour quelques-uns, une oppression ou une aliénation mutilante. On ne peut être heureux dans n'importe quelle condition. La politique doit faire en sorte que tous puissent jouir de la vie, et d'une vie d'homme comprise dans sa plénitude. L'universalité d'une telle exigence s'énonce avec majesté dans des déclarations de droits qui disent tout haut ce qui doit revenir à tout être humain, considéré dans sa dignité.

Tous les hommes sont crédités des potentialités qui leur permettent de s'accomplir, et l'ordre politique trouve là sa charte fondatrice, la table des exigences au nom desquelles il peut être jugé. Chaque citoyen peut ainsi comparer ce qui est et ce qui doit être. Il dispose d'une pierre de touche pour son jugement, et cesse de subir la traditionnelle fatalisation de la domination ou de l'exploitation. Cette connaissance des droits, publiquement et solennellement proclamés, écrits pour échapper à l'interprétation arbitraire, constitue l'arme rationnelle de la résistance à toute oppression. Elle la délégitime, et fonde en droit la révolte. Au malheur subi qui prenait le visage du destin, elle oppose la hauteur d'une aspiration, le sursaut d'une vie. L'idée que le bonheur n'est plus un privilège, ou ne doit plus l'être, étend les promesses de la philosophie à toute l'humanité. Le bonheur fait irruption en politique, non pour lui imposer une tâche qui lui serait étrangère, mais pour lui donner sa perspective la plus exigeante.

Saint-Just y voit un idéal sans frontière, comme toutes les conquêtes de la liberté et de la justice : « Le bonheur est une idée neuve en Europe. » Il s'agit d'en finir avec les justifications qui tiennent la misère et la souffrance des peuples pour une réalité aussi indépassable que naturellement inscrite dans l'ordre des choses. Aux conquêtes des droits politiques, à l'émergence de la souveraineté populaire, la perspective de l'accomplissement de chacun donne à la fois un sens et une assise durable. Qui en effet peut donner vie à la cité, sinon des hommes maîtres d'eux-mêmes et de leur épanouissement ? Réciproquement, comment de tels hommes peuvent-ils advenir, si ce n'est dans le contexte d'une organisation sociale et politique fondée sur la justice ? Il peut sembler étrange que l'oubli du bonheur comme horizon de la politique soit parfois vécu comme salutaire.

Bonheur gâché

Des hommes découvrent un jour qu'ils ne sont que « ressources humaines ». Une usine ferme, qu'on avait pourtant présentée comme une usine pilote, à la pointe extrême du progrès : le dernier cri de la modernité productive.

Ces hommes avaient construit. Ils avaient fondé une famille, organisé leur vie, pris leurs repères. Ils avaient inventé leur demeure, noué des liens, balisé le paysage devenu familier : bref, ils habitaient en hommes, non loin de l'usine. Le quartier alentour était solidaire, humain, au sens chaud et simple du terme. Les boutiques souriaient, les petits matins promettaient le soleil. Le square près de l'école avait retenu l'attention des enfants. À la cantonade, on se saluait d'un trottoir à l'autre, et la rue était chemin de rencontre. De proche en proche, du quartier à la cité, de la cité à la République, le vivre ensemble exaltait discrètement son langage fraternel. On se savait complices, prêts à faire ensemble les plus joyeuses des fêtes, avec les mots de tous les jours, et ces regards qui brillent de leur confiance mutuelle. Pour un rien, ou pour plus grave, on était toujours prêts à se soutenir. Un monde commun avait pris corps.

Un jour, contre toute attente, à rebours des prospectus polychromes glacés qui avaient incité à venir travailler, pour un avenir évidemment radieux, dans l'usine la plus moderne qui soit, la fermeture de l'usine est annoncée. Verdict sans appel. Sa conception d'avant-garde ne pouvait résister à une juteuse délocalisation, en une terre de bas salaires. Aux ouvriers du lieu de plier bagage. Cela s'appelle, dans le vocabulaire pudique du cynisme quotidien, « flexibilité ». Plier bagage… On imagine la chose la plus aisée du monde. À cela près que les bagages, c'est l'emploi local du conjoint, une école où les enfants ont leurs copains et leurs habitudes, un domicile acheté à crédit, brutalement dévalué dans ce qui sera bientôt le voisinage d'une friche industrielle. Les boutiques vont fermer bientôt, la rue se faire déserte. Le quartier tout entier sombre dans la déshérence. Flexibilité…

On serre les poings. Peut-on encore les lever, dans la lutte défilée où la solitude se vit à plusieurs ? Quelle espérance, quand il est dit partout qu'ainsi va le monde, parce qu'il ne peut en être autrement ? La révolte a pris forme, et tous ensemble on se donne chaud au cœur. On aura au moins cela. Le poing levé de ceux qui disent non, parce que d'abord ils ont dit oui à la vie, accepté ce travail, adopté cette usine. Lois prétendues de l'économie, sans recours ni alternative. Comme la loi de la chute des corps, celle du profit opère. Chute des chômeurs, inévitables victimes du « progrès ». On serre les poings. Le discours ordinaire des nouveaux chiens de garde a pris la douceur des évidences calmement répétées. « Il faut savoir bouger. » On serre les poings encore et encore. Et la désespérance d'un univers chaviré souffle son vent de grisaille entre les façades familières. Vent d'exil, où la famille réunie, un matin sans soleil, attend sur le trottoir. Partance dans la tristesse contenue, vers des lointains sans souvenir. Vent d'exil sans frontières, tandis que les grands de ce monde sillonnent le ciel, jouant leur flexibilité dans la classe affaires.

Justice ou charité

Les droits conquis naguère esquissaient la maîtrise sociale de l'économie. Le temps n'était plus du travail des enfants dont parle Victor Hugo dans « Melancholia ». « Où vont tous ces enfants dont pas un seul ne rit ? » Le temps n'était plus des ateliers dont le cubage d'air suffisait à peine pour que les ouvriers respirent. Le temps n'était plus de l'emploi perdu, du jour au lendemain, ni de la santé à deux vitesses, ni du travail sans perspective. Les lois donnaient figure humaine à la logique des échanges. Rousseau : « C'est justement parce que la force des choses tend toujours à détruire l'égalité que la force de la législation doit toujours tendre à la maintenir. »

Et puis, au nom de la libre initiative, de la responsabilité, ces lois de justice ont été considérées comme des lois d'assistance, des créances unilatérales. On a même inventé un langage pour les disqualifier. *Avantages* – en lieu et place de *droits*. Comme si la redistribution des richesses pour mieux valoriser le travail relevait de l'aumône. Comme si les droits sociaux qui ont contraint le capitalisme à s'humaniser n'étaient que « providence », comparable à la manne légendaire tombée du ciel. La transfiguration, en l'occurrence, mystifie. On fait oublier la source des droits, simple façon pour ceux qui produisent la richesse de se faire solidaires, sans aide extérieure. Comme le précisait déjà Hegel, la protection sociale n'est nullement l'aumône contingente que prodigue une puissance tutélaire. C'est le juste retour à l'humanité de ce que sa force accorde, par prévision, à sa fragilité. Les jours de pleine santé prévoient ceux de maladie et de faiblesse. Selon ses moyens, on se prépare aux revers du sort. Selon ses besoins, on jouit de la solidarité ainsi construite. Admirable découplage, qui transpose la générosité philosophique : l'estime de soi est ouverture à l'autre. Aux antipodes du donnant-donnant de l'assurance volontaire individuelle – qui proportionne le soin à la somme. Aux antipodes également d'une étrange contradiction de l'idéologie stricte du libéralisme économique. Celui-ci entend promouvoir la responsabilité individuelle, qui veut que chacun assume la totalité des coûts de son initiative. Pourtant, les gagneurs du grand marché laissent à la charge de la collectivité le coût social du chômage ou de la pollution. Bref, ils jouissent d'une assistance qui n'avoue pas son nom, alors même qu'ils en récusent le principe.

Dans une station de métro, au-dessus d'un banc où somnole un homme sans domicile fixe, d'allure maladive et de mise misérable, on peut lire parfois sur une immense affiche publicitaire : « *On aurait tort de se priver.* »

Le droit au bonheur

Une politique du bonheur délivre l'accomplissement humain de ses limites. On ne peut dès lors garder le silence sur les conditions qui annulent en fait l'égalité des droits, tandis que les lois prétendues de l'économie s'émancipent de toute exigence sociale. Impérieuses et imposées, elles ne semblent plus discutables, et toute contestation en est invalidée par la résignation à l'air du temps. Savoir dire non… Quand la déshérence du monde va son train, l'évocation du bonheur commun ressemble à la nostalgie de tous les espoirs déçus. Mais la pensée libre doit alors se faire intempestive, comme le rappelait Nietzsche.

Parler du droit du bonheur, c'est rappeler d'abord que le bonheur est virtuellement présent en chaque être, et que sa possibilité, universelle, doit être reconnue. D'où un devoir pour la puissance publique non de faire le bonheur des hommes – car eux seuls y sont habilités –, mais d'en rendre possible le libre avènement. Ainsi compris, le droit au bonheur ne peut dispenser l'homme de son effort propre.

On a raison d'insister sur la dimension libre et rigoureusement individuelle de l'accès au bonheur. Mais on a tort d'en prendre prétexte pour affirmer que la politique ne doit pas se soucier du bonheur. Il est facile, pour disqualifier un tel souci, de s'acharner sur une caricature, en évoquant les régimes dictatoriaux qui ont prétendu faire le bonheur des hommes, en quelque sorte malgré eux, et ont en réalité engendré de nouvelles servitudes. La « politique du bonheur » peut échapper aux mauvais procès si on s'attache à la définir en accord avec les principes fondateurs du droit, et les exigences sociales qui leur donnent une vie réelle.

Marx rappelle, dans les *Manuscrits de 1844*, que l'œuvre d'art la plus belle n'a aucun sens pour l'homme qui meurt de faim, et il souligne que l'humanité de l'homme requiert pour s'accomplir l'humanisation de son cadre de vie. « Pour l'homme qui meurt de faim, la forme humaine de l'aliment n'existe pas, mais seulement son existence abstraite en tant qu'aliment… L'homme qui est dans le souci et le besoin n'a pas de sens pour le plus beau spectacle » (*Manuscrits de 1844*, troisième manuscrit, Éditions sociales, Paris, 1966, p. 94). On sait que Victor Hugo a substitué *Les Misérables* à *La Misère* au moment de donner un titre à son plus célèbre roman. C'est qu'à ses yeux la misère n'avait rien d'une fatalité, inscrite dans l'ordre des choses. Il n'y a que des misérables. Le mot semblait comme oublié, d'un autre âge. À cela près que l'on peut être misérable de bien des manières. Au regard des possibilités d'accomplissement liées au progrès scientifique et technique, le nombre de nouveaux misérables est accablant pour un monde qui se dit moderne. La logique d'exploitation semble rattraper par la géographie ce qu'elle a perdu par l'histoire, en brisant les acquis sociaux, là où ils existent, par le jeu de la division internationale du travail, qui permet de reconstituer dans les pays du tiers-monde les conditions d'exploitation qui prévalaient en Europe au XIXe siècle : travail des enfants, protection sociale minimale ou inexistante, horaires de travail incompatibles avec l'épanouissement humain.

D'où la révolte, sur laquelle on ne doit pas se méprendre, à l'égard de la tournure du monde. Étrange figure d'une modernité sans visage, où s'articulent un libéralisme économique intransigeant, un individualisme juridique marqué, une conception caritative et humanitariste du traitement de la pauvreté, le tout dans un méli-mélo de bons sentiments que la détresse trop réelle engendrée par le système rend particulièrement dérisoires. Un tel contexte favorise une lecture strictement individualiste de la Déclaration des droits de l'homme et du citoyen de 1789, conjuguée à une conception formaliste du civisme. La seule reconnaissance juridique des droits semble tenir lieu d'amour du bien public, ou du moins en réduire l'interprétation. Dans ce cadre, les inégalités sociales peuvent se déployer, creuser des abîmes, et compromettre effectivement la participation au monde commun que met en scène la dramaturgie juridico-politique. Bref, les sociétés, qui pourtant n'ont jamais disposé d'autant de moyens pour rendre la vie belle et bonne à tous les hommes, sécrètent le désespoir, en même temps que le sentiment d'absurdité qui ravage le goût de vivre.

Le droit au bonheur s'est enlisé dans les brumes grises des friches industrielles, ou des cités qui signifient désormais l'exact contraire du beau mot de Cité, lieu de fraternité citoyenne : des lieux de déshérence, voire d'exclusion. Il est grand temps que surgissent de nouvelles révoltes.

Victor Hugo nous parle des « sauvages » qui réclamèrent justice, dans l'épopée des combats de l'humanité pour s'élever au meilleur d'elle-même. Il ne justifie pas leur violence, mais en appelle à une prise de conscience évidemment transposable à toutes les situations d'injustice qui font désespérer du bonheur, et de la vie elle-même :

« Sauvages. Expliquons-nous sur ce mot. Ces hommes hérissés qui, dans les jours génésiaques du chaos révolutionnaire, déguenillés, hurlants, farouches, le cassetête levé, la pique haute, se ruaient sur le vieux Paris bouleversé, que voulaient-ils ? Ils voulaient la fin des oppressions, la fin des tyrannies, la fin du glaive, le travail pour l'homme, l'instruction pour l'enfant, la douceur sociale pour la femme, la liberté, l'égalité, la fraternité, le pain pour tous, l'idée pour tous, l'Édénisation du monde, le Progrès ; et cette chose sainte, bonne et douce, le progrès, poussés à bout, hors d'eux-mêmes, ils la réclamaient terribles, demi-nus, la massue au poing, le rugissement à la bouche. C'étaient les sauvages, oui ; mais les sauvages de la civilisation.

Ils proclamaient avec furie le droit ; ils voulaient, fût-ce par le tremblement et l'épouvante, forcer le genre humain au paradis. Ils semblaient des barbares et ils étaient des sauveurs. Ils réclamaient la lumière avec le masque de la nuit. En regard de ces hommes, farouches, nous en convenons, et effrayants, mais farouches et effrayants pour le bien, il y a d'autres hommes, souriants, brodés, dorés, enrubannés, constellés, en bas de soie, en plumes blanches, en gants jaunes, en souliers vernis, qui, accoudés à une table de velours au coin d'une cheminée de marbre, insistent doucement pour le maintien et la conservation du passé, du Moyen Âge, du droit divin, du fanatisme, de l'ignorance, de l'esclavage, de la peine de mort, de la guerre, glorifiant à demi-voix et avec politesse le sabre, le bûcher et l'échafaud. Quant à nous, si nous étions forcés à l'option, entre les barbares de la civilisation et les civilisés de la barbarie, nous choisirions les barbares » (*Les Misérables*, « Quelques pages d'histoire »).

Épilogue

Le grand Oui à la vie

Nietzsche s'explique sur sa conception de la vie, et de l'amour qu'il lui porte : « Ma formule pour ce qu'il y a de grand dans l'homme est *amor fati* (amour du destin) : ne rien vouloir d'autre que ce qui est, ni devant soi, ni derrière soi, ni dans les siècles des siècles. Ne pas se contenter de supporter l'inéluctable, et encore moins se le dissimuler – tout idéalisme est une manière de se mentir devant l'inéluctable –, mais l'aimer » (*Ecce Homo*, « Pourquoi je suis si avisé », 10, NRF, Gallimard, t. VIII, p. 275).

On évitera une interprétation conformiste d'un tel amour du destin, en se rappelant que l'avènement de la fleur est inéluctable dans la réalité du bourgeon. A fortiori, là où existe la liberté d'action rendue possible par la nature peut valoir cette conception dynamique du réel. Les sociétés humaines ne sont pas soumises, à l'évidence, au même régime de l'inéluctable que les réalités naturelles. L'initiative qu'y prennent ceux qui décident de faire advenir de nouveaux possibles est à sa manière partie prenante de cet inéluctable. Marc Aurèle, empereur stoïcien du consentement à l'ordre de la nature, agissait de façon à transformer dans un sens plus juste l'exercice de la fonction impériale. Ernest Renan a souligné que les philosophes de la distance cultivée furent aussi des hommes politiques capables d'un engagement résolu dans la transformation du monde : « Les stoïciens, maîtres de l'empire, le réformèrent et présidèrent aux cent plus belles années de l'histoire de l'humanité » (*Histoire des origines du christianisme*).

L'harmonie avec la nécessité naturelle ne peut donc servir de caution à l'« argument paresseux » qui invoque le destin pour justifier l'attentisme ou la passivité. Car la façon dont nous agissons participe au destin à l'œuvre dans le devenir du monde. Consentir à ce qui est, apprendre à l'aimer est justement d'autant plus facile qu'on a su repérer les richesses latentes du monde, et décidé de concourir à leur avènement.

Avec Nietzsche, on peut comprendre le monde comme l'œuvre conjuguée de Dionysos et d'Apollon. Dionysos, c'est le dieu de l'ivresse et de la fusion universelle, qui rappelle que nous sommes surgis d'un état d'indifférenciation originelle, et que nous sommes destinés à y retourner. C'est aussi la force qui transgresse les limites et sublime les individus dans la fête folle qui les unit, dans la démesure qui abolit les limites et les distances. Apollon, c'est le dieu de la lumière et de la forme accomplie, mesurée, équilibrée. Apollinien et dionysiaque, l'homme l'est d'un même mouvement, qui veut vivre et mourir, faire et défaire. L'affirmation religieuse de la vie, dans cette vision, c'est la prise en charge résolue de cette dualité. Que toute chose construite retourne bientôt à l'indifférenciation primitive dont elle avait surgi, cela ne lui ôte pas sa beauté, ni sa valeur. Que la souffrance de la destruction soit l'envers de la vie jaillissante, cela ne disqualifie nullement l'existence terrestre. Une telle pensée se situe aux antipodes de l'Ecclésiaste, qui tire d'un tel rappel une malédiction radicale, et parle de « vanité des vanités » à propos de l'aventure temporelle des hommes.

Nietzsche récuserait sans doute l'idée que l'art de vivre doive se finaliser par le seul souci de bonheur. Il rappellerait que la condition de l'homme s'inscrit dans l'alternance et la combinaison tragique de la vie et de la mort, de l'individuation apollinienne et de l'indifférenciation dionysiaque. L'ivresse et le plaisir intense sont à cet égard des passages à la limite, ou aux limites, d'individus qui éprouvent alors tout à la fois les ressources de jouissance et de souffrance de l'individualité et le caractère indéfini du devenir qui les borne, les traverse et les dépasse, et dans lequel ils sont destinés à se perdre. Conscience pascalienne de la finitude, à cela près que pour le penseur qui fait l'apologie du christianisme il y a un recours, en dehors de l'existence et du tragique qui lui est immanent : la foi est supposée faire passer de la « misère de l'homme sans Dieu » à l'espérance d'une condition certes tragique mais réinscrite dans un horizon qui la dépasse et la transcende, relativisant toute chose du monde humain (ce *mundus* évoqué par Augustin comme lieu de chute et de perdition).

Pour Nietzsche, cette condition tragique ne réfère qu'à elle-même, et les joies vives qui lui sont immanentes n'ont pas à être disqualifiées ni sous prétexte que des souffrances les suivront ni par référence à l'éternité qui les surplomberait. Le bonheur dès lors est tragique, qui ne peut se vivre que dans l'aventure mouvementée d'un être promis à la mort, mais créateur de son style et de sa version de l'humanité. Les passages à la limite de l'ivresse et de l'amour qui unit deux êtres dans l'expérience intime de la fusion ont un goût d'infini mais non d'amertume dès lors que seule est retenue l'affirmation de la vie, affirmation religieuse si l'on veut, puisque c'est elle-même qui se charge d'absolu et qu'ainsi comprise elle peut relier les hommes par d'autres liens que ceux de la dialectique négative du ressentiment. Il faut assumer le beau risque de vivre, que borde sans cesse celui de mourir, et cesser de refuser son assentiment aux choses qui passent sous prétexte justement qu'elles sont périssables.

Le grand oui à la vie, l'*amor fati*, ouvre la voie au plus grand bonheur, celui qui résulte d'une adhésion à la vie tout entière, sans conditions ni marchandage, telle qu'elle est en son devenir tragique et joyeux à la fois, œuvre humaine autant que naturelle. À nouveau Nietzsche :

« La question primordiale n'est absolument pas de savoir si nous sommes contents de nous, mais si en général nous sommes contents de quelque chose. À supposer que nous disions Oui à un seul instant, du même coup nous avons dit oui non seulement à nous-mêmes, mais à l'existence tout entière. Car rien ne se suffit à soi-même, ni en nous, ni dans les choses. Et si notre âme n'a vibré et résonné de bonheur qu'une seule fois, comme une corde tendue, il a fallu toute une éternité pour susciter cet Unique événement – et toute éternité, à cet unique instant de notre Oui, fut acceptée, sauvée, justifiée et approuvée » (*Fragments posthumes*, 1887, 7 (38), NRF, t. XII, p. 298).

Le paradoxe du bonheur

La difficulté de vivre heureux tient le plus souvent à un paradoxe. On voudrait bien s'affranchir des vicissitudes de la vie, et on s'imagine alors une quiétude accomplie, quasi divine comme l'indolence des dieux d'Épicure. Mais nos désirs sont là, et insistent. Vive le grand tourment qui en signe l'aventure sans cesse renouvelée ! Qui voudrait d'ailleurs d'une félicité éternelle si elle s'assortissait d'une vie désincarnée, guérie du mal de vivre parce qu'elle est guérie de la vie tout court ? La félicité éternelle, si souvent opposée aux tourments de la vie terrestre, n'est tout au plus qu'un cas limite du maximum de bonheur humain. Elle ne vaut, dans l'imaginaire, que par contraste, illuminant la vie sans vraiment l'éclairer.

Le rire est le propre de l'homme. Et les larmes aussi. Dont acte. Cette aventure-là, nous la vivons, nous la voulons, même si nous n'en maîtrisons guère, en apparence, les épisodes. Blessés par les secousses brutales de l'histoire, hantés par l'incroyable violence de sociétés en principe vouées au bien commun, il nous faut nous satisfaire de la respiration que nous accorde la présence d'un monde sublime, lorsque nous revenons à elle. Nous assumerons alors nos tragédies avec la conscience de pouvoir faire retour à soi, et à l'étreinte muette des paysages que nous portons en nous, à jamais, une fois que leur beauté nous a marqués.

Albert Camus revient à Tipasa, pour y revivre le bonheur des pierres ensoleillées. Derrière lui, les tourbillons de la souffrance que les hommes sont capables de s'infliger à eux-mêmes, lorsqu'ils perdent à la fois la raison et le cœur. L'écrivain raconte cette sorte de remontée à la source, ce bain de vie, qui le fait comme renaître à lui-même :

« Dans cette lumière et ce silence, des années de fureur et de nuit fondaient lentement. J'écoutais en moi un bruit presque oublié, comme si mon cœur, arrêté depuis longtemps, se remettait doucement à battre. Et, maintenant éveillé, je reconnaissais un à un les bruits imperceptibles dont était fait le silence : la basse continue des oiseaux, les soupirs légers et brefs de la mer au pied des rochers, la vibration des arbres, le chant aveugle des colonnes, les froissements des absinthes, les lézards furtifs. J'entendais cela, j'écoutais aussi les flots heureux qui montaient en moi. Il me semblait que j'étais enfin revenu au port, pour un instant au moins, et que cet instant désormais n'en finirait plus » (*Retour à Tipasa*).

L'art de vivre heureux est aussi et même nécessairement tragique, puisqu'il accepte sans murmurer ni médire toute occasion offerte, et s'en crée chaque fois qu'il le peut, sans chercher à congédier le risque de souffrir qui s'y attache. Cette acceptation même est à la fois une audace et un art, dans lequel se recueille la mémoire du beau et du vrai de la vie. Elle s'affranchit ainsi des relativisations finalement vaines que développent les contempteurs de la condition humaine. Le bonheur à hauteur d'homme se joue par-delà le bien et le mal, et ne s'inquiète pas d'un regard divin qui cristalliserait en lui les angoisses humaines pour les convertir en dissuasions menaçantes.

L'éthique comme art de vivre intègre le respect de l'humanité non comme exigence extérieure, mais comme solidarité bien comprise, qui fait de la morale même une médiation vers le bonheur. Elle met en jeu, en un sens profond, toute la philosophie, dont elle exprime et accomplit la raison d'être. Et ce en une dialectique aussi attentive à la dimension tragique de la condition humaine que soucieuse de donner au bonheur toutes ses chances.

La métaphysique tragique et joyeuse de la vie, si belle de s'inscrire ainsi aux confins du risque, interdit toute posture mesquine. C'est pourquoi elle peut rejoindre une éthique du bonheur, voire une politique de la justice qui le rend possible pour tous sans en imposer un modèle. Générosité et conscience tragique – à la façon de Nietzsche plus qu'à celle de Pascal – pourraient ici se lier également dans un hédonisme raisonnable, une philosophie du plaisir qui en assume les intermittences. Nullement incompatible avec l'affirmation joyeuse de la vie, la conscience de la finitude doit alors s'interdire les passions tristes qui font vertu de l'impuissance.

Ainsi mis en perspective, le travail de la pensée, son courage aussi, est indéfini : il faut le reconduire au gré des tourments quotidiens et des souffrances qui semblent compromettre la fin visée, mais ne l'oblitèrent que provisoirement. Ce travail de la pensée, qui est tout à la fois patience du concept et audace de comprendre, c'est la philosophie même. Celle-ci représente, selon le mot de Husserl, une « tâche infinie », que peut reprendre l'humanité dans chacune des vies singulières qui l'accomplissent. Elle est bien, en ce sens, un véritable art de vivre, inventé à mesure que se découvrent les ressorts d'abord cachés de la lucidité en acte. C'est qu'elle correspond à l'aventure humaine assumée comme telle, avec ses risques et ses ombres, ses jouissances et ses lumières. C'est tout le sens des leçons de bonheur que nous pouvons tirer de l'expérience méditée, rapportée aux ressources dont elle révèle la richesse. Bonheur, bonheur de comprendre, bonheur d'aimer la vie.

Pour mémoire…

Porte-bonheur philosophique

Ainsi, la vie nous est donnée, tout à la fois chance et risque. On peut bien rêver de félicité éternelle, comme parfois de ce sommeil sans rêve qu'est le néant de joie et de souffrance, de désir et d'aversion. Le premier idéal, c'est le sentiment de vanité absurde qu'inspire la perspective de la mort, devenue obsédante. Le second vient de la lassitude après les captations multiples, ou d'une sagesse plus qu'humaine, où s'abîment toutes les frénésies. La fin des tourments et l'oubli de la finitude s'inventent des séjours ou des éternités. On peut vouloir reporter ses espoirs dans l'au-delà, voire fixer sa conduite par l'idée qu'elle s'affirme au regard de la fin des temps, qu'elle soit jugée par un dieu ou dotée de son sens par la destinée de l'humanité. On imagine ainsi des repères et des critères qui échappent à la relativité des situations et ne leur doivent rien. Mais cette soif d'absolu nous délivre-t-elle de la recherche du bonheur présent, et du vertige où tous les choix découvrent leurs ombres en même temps que leurs lumières ? Il faut accepter cela, et poursuivre. La vie est belle de ses attentes et de sa mémoire heureuse comme des souffrances surmontées. Les eaux se mêlent, et nulle amertume ne peut venir à qui comprend et assume « la forme totale de l'humaine condition ». Comprendre, sans être sûr pourtant que quelque chose soit à comprendre, en dehors de notre faculté d'agir et de donner un sens, nous-mêmes. Sisyphe l'athée détourne à jamais son regard du ciel déserté par les dieux, et trouve dans le rayonnement intime du granit ou de la mer ensommeillée, comme dans l'immense tendresse d'un regard rencontré, l'occasion de se réjouir. Job le croyant se délivre de tout ce à quoi il tenait pour ne plus affirmer que sa foi, inconditionnelle, tournée vers son Dieu, ou vers la vie qu'il a reçue en partage. L'aventure du bonheur a intégré le vertige initial, l'absurde et le désespoir, l'idée que rien n'est acquis à jamais, la force des nouvelles confiances, l'improbable courage de tout recommencer. La tâche ainsi comprise « suffit à remplir un cœur d'homme », comme le rappelle Sisyphe avant de reprendre son rocher pour remonter la pente.

Savoir être heureux dépend bien souvent de l'attention accordée aux ressources de la conscience. Les cinq moments de ce voyage en terre de sagesse ont permis de rappeler des maximes simples, qui aident à définir une ligne de conduite, sans prétendre oublier la tournure trop souvent tragique de la vie. Il s'agit à travers elles de se mettre en mesure d'accueillir toutes les chances d'être heureux. Les voici, pour mémoire.

1. Chasser les peurs et les angoisses qui paralysent, en usant de raison pour en comprendre les phénomènes. Bien des peurs se découvrent alors sans fondement. On y parvient en séparant ce que les attentes humaines projettent sur les choses et ce que celles-ci sont en elles-mêmes. La superstition est un brouillard qui rend invisibles les beautés de la nature et les promesses de la vie.

Paix de l'âme et sérénité
sont ainsi accessibles à chacun.

2. Cultiver la joie de comprendre, qui devient par habitude un bonheur simple et fort. On use ainsi de ce qui fait le propre de l'homme. Une mémoire des savoirs découverts se forme alors, et la vie de la pensée y puise sa richesse. On appelait « humanités » les études formatrices qui plaçaient le meilleur de la culture au service de l'émancipation personnelle et intellectuelle. Voici venu le temps de la pensée qui sécrète ses propres réjouissances.

Joie de comprendre et lucidité accrue
sont à la portée de tous.

3. Devant les incertitudes qui taraudent, combiner patience et courage. La patience, comme effort pour différer l'urgence des choses, et du désir qui réclame. Le courage, pour oser affirmer la vie contre ce qui la blesse. Il faut bien, quand le monde ne se prête pas au désir, survivre et vivre. Endurer, voire supporter, en attendant que la roue tourne, et que nos efforts soient suivis d'effets. Nulle paresse ne peut s'autoriser ici du destin, qui convoque l'action humaine et lui assigne son rôle. Se doter d'une autonomie personnelle face aux aléas d'une fortune difficile à prévoir et à maîtriser. Là encore, il ne s'agit pas de concevoir une sorte de sagesse héroïque, réservée à un petit nombre d'élus, mais de fortifier l'indépendance individuelle. Les exercices de la liberté jouent un rôle majeur. Les trois disciplines essentielles de la maîtrise de soi sont également décisives. La discipline du jugement évite les pièges de l'emportement et les faux-semblants du vécu. La discipline du désir convertit la lucidité intellectuelle en modulation des désirs. Descartes incite à chercher à vaincre ses désirs plutôt que la fortune : il ne préconise ainsi aucun fatalisme, mais une conduite de simple réalisme. Sans renoncer à se faire comme maître et possesseur de la nature grâce au savoir-faire

éclairé par la science, il s'agit de ne se mobiliser que pour tenter d'atteindre les choses accessibles. Enfin, la discipline de l'action, qui règle les impulsions, est précieuse pour intervenir dans le monde et y produire les effets voulus. Révélations de l'être à lui-même, les disciplines intérieures, comme les exercices de la liberté, sont source de bonheur. L'admirable éthique stoïcienne dit à cet égard l'essentiel. Impassible, autant qu'on le peut, dans les choses qui ne dépendent pas de nous. Et résolu, pour faire ce qu'un homme peut faire d'humain dans les circonstances où il se trouve.

Patience pour endurer l'inéluctable
et courage pour agir maintiennent le goût de vivre.

4. Savoir en toutes circonstances user de ce qui dépend de nous. Il faut le faire avec cette exigence personnelle que fonde l'estime de soi. Le généreux, à la façon de Descartes, décide d'user au mieux de sa liberté et des choses qui entrent dans son pouvoir. Il ne s'estime lui-même qu'à raison d'une telle résolution.

Avoir conscience de ce qu'on peut et agir
avec exigence fondent l'estime de soi et la confiance.

5. Quand le partage est rendu clair, pour chacun, entre ce qui dépend de nous et ce qui nous échappe, savoir attendre que la roue tourne si le désir ardent d'une chose se trouve pour l'heure en échec. Déployer en même temps son action pour faire que la roue tourne, sans impatience, et en se concentrant sur ce qui peut être effectivement changé en ce sens.

Conjuguer l'art d'attendre et celui d'agir là
où l'on peut le faire conduit
à un contentement authentique.

6. Comprenant l'enjeu de l'épanouissement humain pour les autres et pour soi-même, œuvrer au bonheur d'autrui par souci de justice, mais aussi pour donner

sa plénitude au bonheur qu'on vise pour soi-même. Le vivre intense du soi solitaire nourrit le vivre ensemble des hommes solidaires, et celui-ci en retour enrichit le rapport à soi. Cette dialectique heureuse n'est rien d'autre que la joie du partage. La générosité est révolte, en ce qu'elle sait dépasser les limites d'une situation. C'est ici le généreux à la façon de Spinoza, militant de l'humanité accomplie, qui ne conçoit son bonheur que dans l'écho en lui du bonheur des autres. La cité ainsi formée donne à tous la juste récompense du souci de la faire vivre.

Savoir augmenter la force de l'humanité en l'autre,
et en soi, c'est s'affirmer vraiment.

7. Se donner les repères du bonheur, afin de ne laisser à l'abandon aucun registre de l'accomplissement de soi. Et décider de sa vie en connaissance de cause, grâce à un éventail des possibles aussi ouvert que le permet chaque époque. Dans leurs grandes lignes, les repères de l'idéal sont comme les déclarations des droits. Ils rappellent des aspirations légitimes, afin de délivrer les projets de vie des limites propres aux situations sociales d'origine.

Savoir que l'on peut jouir de soi, du monde, des autres,
et de quelle façon, c'est rappeler la vie oublieuse
à ses richesses, déverrouiller les horizons et les perspectives.

8. Cultiver les plaisirs, et savoir saisir les occasions de les goûter, en se souvenant que peut-être elles ne reviendront pas, ou du moins qu'elles sont uniques en leur genre, et qu'il convient de les honorer. *La volupté, guide de vie*, comme écrit Lucrèce. Quant aux désirs, différés ou satisfaits dans l'instant, en prendre soin par la mémoire même de leur accomplissement, et la maîtrise raisonnée de leur usage. Plaisir des sens, de l'art, du symbole, de la découverte, de la création, de l'unis-

son, du jouir ensemble, de l'émotion solidaire ou solitaire, de la victoire sur l'injustice, du mal surmonté.

Les plaisirs multiples de la vie sont à prendre et à cultiver : ils sont l'étoffe du bonheur.

9. Savoir varier les registres d'affirmation, et se porter de l'un à l'autre, quand cela est bon pour garder le goût de vivre. Une telle attitude n'est pas seulement nécessaire en vue de la plénitude idéale de l'homme dit « complet ». Elle est aussi utile pour ne pas se laisser envahir par une déception subie dans un domaine. On change alors de registre d'accomplissement pour ne pas sombrer dans les « passions tristes ». « Passer à autre chose ». Cette dimension pluridimensionnelle de l'humanité est plus qu'une richesse de l'être. Elle fonde la possibilité d'un recours contre les différents types de malheur qui nous atteignent. Dire « je », c'est éprouver que je ne me réduis pas à une de mes dimensions, et faire appel de la mélancolie qui me gagne quand une déception m'atteint dans un domaine de ma vie. Je n'ai pas à assumer ce qui ne dépendait pas de moi, mais je peux changer mon rapport au monde afin qu'il ne m'affecte pas aussi douloureusement.

Savoir jouer des divers registres d'accomplissement que l'on a su cultiver, et passer de l'un à l'autre si nécessaire, c'est disposer toujours d'un recours et d'une ressource pour éviter l'accablement.

10. La joie d'agir, quel que soit le contexte, repose d'abord sur le sentiment de se savoir auteur de ce qu'on fait, et par là même de sa vie. Signer sa vie comme on le ferait d'un texte. Et puis, il y a cette joie des préparatifs comme des buts anticipés. La discipline de l'action a quelque chose de jubilatoire. L'action comme aventure comble parfois un vide, comme elle le fait chez certains personnages de Malraux. Mais elle

réalise plus, dans la conscience qu'elle anime, que cette seule compensation. Elle rend manifeste la disponibilité de la vie, dans le moment même où l'on risquait d'en douter.

La décision d'agir réconcilie avec soi.
Elle recrée l'être en l'affirmant.

Le mot de la fin ? Il n'en faut pas. Sinon celui de Sophocle, dans *Œdipe Roi* : « Il n'est point de mortel, à le suivre des yeux jusqu'à son dernier jour, qu'il faille féliciter avant qu'il ait franchi le terme sans avoir connu la souffrance. » C'est rappeler, comme le fait remarquer Montaigne, qu'on ne peut se dire heureux avant son dernier jour de vie. Maxime à interpréter de diverses façons. En voici une, qui donnera courage à chacun, qu'il se dise heureux ou malheureux au vu de son existence. Aujourd'hui heureux, il n'est effectivement pas sûr de l'être indéfiniment. Mais il peut au moins se dire : « Ces jours de bonheur, ils sont bien à moi, et rien ne pourra faire qu'ils n'aient pas existé, emplissant ma mémoire des sourires de la vie. »

Aujourd'hui malheureux, il peut compter sur des jours meilleurs, et espérer une sorte de revanche. Jusqu'au dernier souffle, la vie réserve des surprises. Cet espoir est l'envers du beau risque de vivre. Et Descartes nous conseille de toujours regarder les choses par le côté qui nous est le plus favorable, non pour nous illusionner, mais pour cultiver cette approche sereine qui nous prémunit à la longue des passions tristes.

Bonheur à tous…

LECTURES-EXCURSIONS

Quelques promenades pour approfondir les aperçus de chaque leçon…

Première leçon	Épictète, *Manuel* Sénèque, *De la vie heureuse*
Deuxième leçon	Kant, *Fondements de la métaphysique des mœurs* Marcuse, *L'Homme unidimensionnel* Diderot, *Supplément au voyage de Bougainville*
Troisième leçon	Sénèque, *Lettres à Lucilius* Cicéron, *Du destin* Spinoza, *Traité théologico-politique*
Quatrième leçon	Montaigne, *Essais*, livre III Rousseau, *Rêveries du promeneur solitaire*
Cinquième leçon	Bachelard, *La Poétique de la rêverie* Camus, *Le Mythe de Sisyphe. Retour à Tipasa.*
Sixième leçon	Aristote, *Éthique à Nicomaque*, livre VIII Montaigne, *Essais*, livre I Stendhal, *De l'amour*
Septième leçon	Marc Aurèle, *Pensées* Épicure, *Lettre à Ménécée* Aristote, *Éthique à Nicomaque*, livre X

Huitième leçon	Platon, *Alcibiade* Épictète, *Manuel* Sénèque, *Lettres à Lucilius* 59 et 71 à 74
Neuvième leçon	Lucrèce, *De la nature* Platon, *Le Banquet* Épicure, *Lettre à Ménécée*
Dixième leçon	Freud, *Malaise dans la civilisation* Spinoza, *Éthique*, livres III et IV Marc Aurèle, *Pensées*
Onzième leçon	Aristote, *Éthique à Nicomaque*, livre III Spinoza, *Éthique*, livres IV et V Camus, *La Peste*
Douzième leçon	Kant, *Qu'est-ce que les Lumières ?* Rousseau, *Du contrat social* Condorcet, *Esquisse d'un tableau historique des progrès de l'esprit humain*
Treizième leçon	Marx, *Manuscrits de 1844* Hugo, *Les Misérables* Marcuse, *L'Homme unidimensionnel*

Remerciements

Ce livre n'aurait pas vu le jour sans les initiatives de Monique Labrune et de Sophie Berlin. Dans sa réalisation, il doit beaucoup à l'attention toujours vive et à la stimulation toujours féconde de mon éditrice, Maxime Catroux. Je leur adresse tous mes remerciements.

J'exprime également toute ma gratitude à mes amis Pierre Guenancia, René Plaut, Jean-Paul Scot et Bruno Streiff, avec lesquels j'ai souvent partagé les choses simples et belles de l'amitié. Ma gratitude va aussi à Maurice et Sophie Pena-Ruiz, ainsi qu'à Francis et Yamina Benguigui. Nos dialogues trouvent leur écho dans bien des pages de ce livre.

Table

QUATRIÈME PARTIE

LE BONHEUR D'AGIR

CINQUIÈME PARTIE

BONHEUR À TOUS